STOIANKA BOIANOVA & MINKO TANEV
СТОЯНКА БОЯНОВА & МИНКО ТАНЕВ

MOVING THE HORIZON
ПРЕМЕСТВАНЕ НА ХОРИЗОНТА

ISBN: 978-93-6354-001-9
First Edition: 2025
Rs. 200/-

Cyberwit.net
HIG 45 Kaushambi Kunj, Kalindipuram
Allahabad - 211011 (U.P.) India
http://www.cyberwit.net
Tel: +(91) 9415091004
E-mail: info@cyberwit.net

Printed at Repro India.

СЪДЪРЖАНИЕ
CONTENTS

СТОЯНКА БОЯНОВА / STOIANKA BOIANOVA

МИНКО ТАНЕВ / MINKO TANEV

ВЪВЕДЕНИЕ

Стоянка Боянова и Минко Танев са съпрузи и партньори в литературата, познати по света със стихове, гогьоши и хайку. Настоящата стихосбирка е петата им съвместна двуезична книга, (български и английски), публикувана по покана от Cyberwit.net, Allahabad, Индия. Появата на новата им книга е след „*Върхове под звездите / Tops Under The Stars*", (хайку), 2019; „*Път през светове / Road Through Worlds*", 2021 и „*Слънчев лифт към безкрая / Sunny lift to infinity*", 2022 (със стихове от световни антологии или наградени в международни конкурси), „*Home Behind Seven Mountains / Дом зад седем планини*", *2023* (хайку публикувани и наградени по света). Под всяко стихотворение има бележка с какви награди е и къде е отпечатано.

„*Moving the horizon / Преместване на хоризонта*" е своеобразно продължение на втората книга, за която Негово превъзходителство, посланика на мира и литературата, професор, д-р Джоузеф С. Спенс-старши, САЩ (майстор на Epulaeryu) в Pegasus Literary пише:

„Фантастична стихосбирка. Съпоставително изложение на колекция стихотворения в книга с най-висок подбор - след конкурси, композирана от двама от най-значимите хайку поети, които светът познава, Стоянка Боянова и нейният съпруг Минко Танев от България. Двамата едновременно получават едни и същи или подобни награди от поетични конкурси в целия спектър. Същността на тяхното вдъхновение, единение и сътрудничество, съчетано с творческото им и артистично извисяване е огромна и въодушевява драматично мнозина по света. Уникална съвместна дейност разпространява поезията им и е благоговейна за човечеството. Благородството, което мултиплицират, е невероятно. Поетичното преливане на думите им призовава хармония и координация в стила на писане… Двамата са сред най-необикновените автори, които познавам. Не виждам друг до нивото и опита им за прослава на човечеството с проникновения език на обичта.”

Двамата участват в повече от 110 световни и международни антологии с поезия, гогьоши и хайку, имат публикации в над 30 страни. Те са в антологията HYPERPOEM (Индия, 2024 г.), която е изпратена за включване и очаква приемане в Книгата на световните рекорди на Гинес. Стоянка Боянова е включена в „Чуй нейния глас”, инициатива на Международния комитет на жените писателки на PEN за отбелязване на най-доброто женско писане от цял свят. Обявена е за „Най-добър автор на Европейската общност”, Международен конкурс за поезия „Ossi Di Seppia”, (Италия, 2024).

По-значими призове: Grand premio International Poetry Prize "Ossi di Seppia", (Италия, 2023) – Минко за цикъл стихове, Стоянка – за стихотворение. “First World Poetry Competition of Newspapers and Televisions Award”, (Китай, 2020); „Chinese International Zhengxin Poet Award”, (Китай, 2022); „Златен орел”, Prodigy Life Academy, (САЩ, 2023). Prize Suryodaya Literary Excellency Award, Индия. LIBRE Global Poetry Prize и PREMIO PACIFISTA GLOBAL, POETAS INTERGALACTICOS, Еквадор. В Европейския топ 100 на най-креативните хайку автори. Техни гогьоши и гогьоши рен са посочени като добри примери в "What's World Gogyoshi?/ Какво е световно гогьоши", Таро Аизу, 2023. С почетни грамоти за принос в съвременната българска литература, 2019. Почетни поети на държавата Бирланд, Африка, изобразени на специална пощенска марка. Международени посланици на мира от „The Daily Global Nation”, Дака, Бангладеш. Посланици на добротата и щастието от Кралски Международен институт за мир Kutai Mulawarman, Филипини. Носители на десетки награди от глобални поетични общества.

Стоянка Боянова е издала е 9 стихосбирки, роман и сборник с къси разкази в България. Редактирала е книги и речници. Минко Танев е автор на 6 стихосбирки, редактирал е десетки книги в родината си.

Стоянка Боянова е в редакционния борд на сп. „Хайку свят". Председател на Хайку клуб – Пловдив. Член на ПЕН Център България. Двамата са в Съюза на българските писатели, Български хайку съюз, The Haiku Foundation – САЩ, United Haiku and Tanka Society – Великобритания, World Haiku Association - Япония, членуват в Глобалния почетен съвет, FEDERATION OF WORLD CULTURAL & ART SOCIETY - Сингапур.

INTRODUCTION

Stoianka Boianova and Minko Tanev are husbands and partners in literature, known around the world for their poems, gogyoshi and haiku. The present collection of poems is their fifth joint bilingual book, (Bulgarian and English), published by invitation from Cyberwit.net, Allahabad, India. The appearance of their new book follows *Tops Under The Stars*, (haiku), 2019; *Road Through Worlds*, 2021, and *Sunny Lift to Infinity*, 2022 (with poems from world anthologies or awarded in international competitions), *Home Behind Seven Mountains*, 2023 (haiku published and awarded around the world). Under each poem is written where it was printed or awarded.

Moving the Horizon is a kind of continuation of the second book, about which His Excellency, Ambassador of Peace and Literature, Professor, Dr. Joseph S. Spence Sr., USA (Master of Epulaeryu) in *Pegasus Literary* wrote:

"This poetry book is very fantastic. It's a comparative analysis of a collection of top-winning and complementary poems in one book written by two of the greatest known haiku poets the world has ever known, Stoianka Boianova and her husband Minko Tanev, from Bulgaria. They always won simultaneous awards in poetry competitions and received the same or similar awards from poetry competitions across the spectrum. The essence of their poetic inspiration, unification, and collaboration coupled with their creative and artistic uplifting is tremendous and dramatically inspires many worldwide. Their unique and unified collaborative practice of poetic proliferation is reverential to humanity. The graciousness they proliferate is outstanding. The poetic blending of their words invokes unity and coordination in their writing style… They are the two greatest haiku poets I have ever known. Additionally, I don't see any in comparison or even near their level of expertise to uplift worldwide humanity with words of inspiration and endearment."

The two participate in more than 110 world and international anthologies of poetry, gogyoshi and haiku, have publications in over 30 countries. They are listed in HYPERPOEM *Anthology* (India, 2024), which has been submitted for inclusion and is pending acceptance in the Guinness Book of World Records. Stoianka Boianova is included in *Know Her Words*, *PEN International Women Writers Committee Initiative* to celebrate the best women's writing from around the world. She was declared *Best Author of the European Community* from International Poetry Competition *Ossi Di Seppia*, (Italy, 2024).

More significant prizes: Grand premio International Poetry Prize *Ossi di Seppia*, (Italy, 2023) - Minko for a cycle of poems, Stoianka - for a poem. *First World Poetry Competition of Newspapers and Televisions Award*, (China, 2020), *Chinese International Zhengxin Poet Award*, (China, 2022), *Golden Eagle* from *Prodigy Life Academy, (USA, 2023).* Prize *Suryodaya Literary Excellence Award*, India. *LIBRE* Global Poetry Prize and PREMIO PACIFISTA GLOBAL, *POETAS INTERGALACTICOS*, Ecuador. In the European top 100 of the most creative haiku authors. Their gogyoshi and gogyoshi ren are cited as good examples in *What's World Gogyoshi*?, Taro Aizu, 2023. Honorary Certificates for *Contribution to Contemporary Bulgarian Literature*, 2019. *Honorary Poets of the State of Birland*, Africa, pictured on special postage stamp. *International Ambassadors of Peace* from *The Daily Global Nation*, Dhaka, Bangladesh. *Ambassadors of Kindness and Happiness* from the *Royal Kutai*

Mulawarman Peace International Institute, Philippines. Winners of dozens of awards from global poetry societies.

Stoianka Boianova has published 9 poetry collections, a novel and a collection of short stories in Bulgaria. She edited books and dictionaries. Minko Tanev is the author of 6 collections of poems, he has edited dozens of books in his homeland.

Stoianka Boianova is on the editorial board of *Haiku Svjat / Haiku World magazine*. Chairman of the *Haiku Club - Plovdiv*. Member of *PEN Center Bulgaria*. They are members of *Union of the Bulgarian Writers*, *Bulgarian Haiku Union*, *The Haiku Foundation* - USA, *United Haiku and Tanka Society* - Great Britain, *World Haiku Association* - Japan and the *Global Honorary Council, FEDERATION OF WORLD CULTURAL & ART SOCIETY* - Singapore.

STOIANKA BOIANOVA
СТОЯНКА БОЯНОВА

LAND OF DREAMS / ЗЕМЯ НА МЕЧТИ

¤¤¤¤¤¤¤¤¤¤¤¤¤¤¤¤¤¤¤¤¤¤¤¤¤

CIRCULARITY OF NATURE

"Nothing gold can stay" - Robert Frost

My bright thoughts about the world ignite,
where the golden sun rises.
The goldesh leaves are raining near me,
buttercups shine in the blooming meadow.

Nature lives in circularity,
the river shines like molten gold -
a person is rich in emotions.
Above me - wings of flocks of birds.

This beauty will be in vain
if you don't sit next to me in the dark.
Evening comes invisibly.
And the silver moon is climbing.

Award BEST AUTHOR EUROPEAN COMMUNITY - SECTOR B (for a cycle of poems) from the International Poetry Competition Ossi Di Seppia 2024, Italy;
In the magazine OUR POETRY ARCHIVE, July 2024 V-10 N-4 Issue No. 112, India, Chief Editor NilavroNill Shoovro;
RED QUILL, POEMarium, 9 000 poets from different countries, quote contest No 56 for a poem, from 8 to 12 lines, Theme: "Nothing gold can stay"- Robert Frost.

КРЪГОВРАТ

„Нищо златно не може да остане" - Робърт Фрост

Припламват светлите ми мисли за света,
където златно слънцето изгрява.
Валят край мен златистите листа,
блестят лютичета в цъфтящата дъбрава.

Природата живее в кръговрат,
искри реката сякаш е от злато -
с емоции човекът е богат.
Над мен трептят криле от птиче ято.

Напразна ще е тази красота,
ако до мене не присядаш в мрачината.
Невидимо приижда вечерта.
И сребърна възкачва се луната.

Награда „НАЙ-ДОБЪР АВТОР НА ЕВРОПЕЙСКАТА ОБЩНОСТ – СЕКТОР Б" (за цикъл стихове) от Международния поетичен конкурс "Ossi Di Seppia" 2024, Италия;
В списание "OUR POETRY ARCHIVE", July 2024 V-10 N-4 Issue No. 112, Индия, главен редактор NilavroNill Shoovro;
ЧЕРВЕНО ПЕРО, Поетично обединение POEMarium, 9 000 поети от различни страни, конкурс № 56 за стихотворение по цитат от 8 до 12 реда, тема: „Нищо златно не може да остане" - Робърт Фрост.

¤¤¤¤¤¤¤¤¤¤¤¤¤¤¤¤¤¤¤¤¤¤¤¤¤

WORLDS

The earth - our apple of the eye to the Universe,
and the springs are her clear tears.
The ocean - salty and the waves - majestic.
The rivers are life-giving, singing, irrigating.

The wings of the eagle elevate the heights.
A meadow with wild strawberries rises in the morning.
The bitterness ripens in the quinine bark.
The nightingale's song bends from perfection.

The Universal sorrow overwhelms the poets
to worlds touched in dreams,
where there isn't death, betrayal and diseases.
And God creates harmony and love.

CANVAS OF THOUGHTS, monthly online international literary magazine, fourth issue, April 2024, India, editor DR. SONIA GUPTA;
WORLD POETRY TREE, Anthology for Hope, Love and Peace, Expo - Dubai 2020 Edition;
ANADOLU RÜZGARI III / ANADOL WIND III, Turkey, 2022;
Honorary diploma for contribution to world culture from the Second International Competition Memorial V. M. Terekhova - 2023 in Russian;
GOLD QUILL, POEMarium, Quote Poem-22, for a poem of minimum 8 lines and maximum 12 lines, the motif: Poetry is the sister of sorrow. - Marc Andre Henry.

СВЕТОВЕ

Земята - нашата зеница към вселената,
а изворите – бистрите й сълзи.
Солен е океанът и вълните са величествени.
Реките - животворни, пеещи и напоителни.

Крилата на орела висините възвисяват.
Поляна с диви ягоди изгрява в утрото.

В хининова кора горчилка зрее.
От съвършенство се огъва песента на славея.

Всемирна е тъгата на поетите
по светове, докосвани в мечтите,
където няма смърт, предателства и болести.
И Бог твори хармония и обич.

CANVAS OF THOUGHTS /„ Платно от мисли", месечно онлайн международно литературно списание, четвърти брой, април 2024 г., Индия, редактор DR. SONIA GUPTA;
WORLD POETRY TREE /СВЕТОВНО ПОЕТИЧНО ДЪРВО, антология за надежда, любов и мир, Expo - Dubai 2020, Дубай, 2022;
ANADOLU RÜZGARI III /"АНАДОЛСКИ ВЯТЪР III", антология, Турция, 2022;
Почетна диплома за принос в световната култура от Втория международен конкурс „Мемориал В. М. Терехова – 2023" на руски език;
ЗЛАТНО ПЕРО, POEMarium ПОЕТИЧНО ОБЕДИНЕНИЕ, 9 000 поети, конкурс № 22 за стихотворение по цитат от 8 до 12 реда, тема: „Поезията е сестра на скръбта." - Марк Андре Хенри.

МИРЫ

Земля – наш зрачок во Вселенной,
родники воды - ее прозрачные слезы.
Океан соленый, волны величественные.
Реки – живительные, поющие, орошающие.

Крылья орла поднимают небо.
Поле земляники поднимается утром.
В коре хинина созревает горечь.
От совершенства вьется песня соловья.

Грусть поэтов универсальна
для миров, затронутых во сне
где нет смерти, предательства и болезней.
И Бог творит любовь и гармонию.

Почетный диплом за вклад в мировую культуру Второго международного конкурса «Мемориал В. М. Терехова – 2023» на русском языке.

¤¤¤¤¤¤¤¤¤¤¤¤¤¤¤¤¤¤¤¤¤¤¤¤¤¤¤¤

SALUTIONS

My heart is a bud of fiery rose,
blooming in the hollow of the body.
A fiery rose greets you and life.

The wind plays the harp in the olive forests.
Clouds float from here to the infinity.
Borders of the countries are shifting.
Continents are receding and converging.
Someone is calling to us
and in myself I hear his voice:
"Protect the Earth, the fragile God's creations!"

My heart beats with a cosmic rhythm
in sync with enlightened people.

NTERNATIONAL ART AND POETIC ANTHOLOGY : CONSCIOUSNESS & TRANSFORMATION, English edition - Marlene , Amazon Mexico Services, ASIN : B0C55V6DPR;
International Virtual Exhibition of Art and Literature, part of the project Consciousness and Artistic Transformation, Mexico;
LISTEN TO HER SILENCE, editor and compiler - Dr. Sonia Gupta, India the anthologies include 50 famous poets from different countries, foreword - Stoianka Boianova;
Award in the name of the Tajik poet RAJAB GAFOR;
RED QUILL, POEMarium POETIC GROUP, 9000 members, № 37 for a poem from 8 to 12 lines, theme: „Poetry is plucking at the heart strings, and making music with them" - Dennis Gabor.

ПРИВЕТСТВИЕ

Сърцето ми е пъпка на огнена роза,
разцъфнала в хралупата на тялото.
Огнена роза приветства живота и теб.

Вятърът свири на арфа в горите маслинови.
Облаци плуват от тук към безкрая.
Граници на държави се преместват.
Континенти се раздалечават и сближават.
Звездни послания докосват челата ни.
Някой ни вика и в себе си чувам гласа му:
„Пазете Земята, крехките Божи творения!”

Сърцето ми бие с космически ритъм
в синхрон с просветлените хора.

NTERNATIONAL ART AND POETIC ANTHOLOGY : CONSCIOUSNESS & TRANSFORMATION /” МЕЖДУНАРОДНА АНТОЛОГИЯ ЗА ИЗКУСТВО И ПОЕЗИЯ: СЪЗНАНИЕ и ТРАНСФОРМАЦИЯ”, Английско издание - Марлене Пасини, Amazon Mexico Services, ASIN : B0C55V6DPR; Участие в Международна виртуална изложба за изкуство и литература, част от проекта „Съзнание и художествена трансформация“, Мексико; Награда на името на таджикския поет RAJAB GAFFOR; Антология за Земята LISTEN TO HER SILENCE/ „СЛУШАЙТЕ НЕЙНОТО МЪЛЧАНИЕ “, редактор и съставител - д-р Соня Гупта, Индия, 2023, предговор – Стоянка Боянова; ЧЕРВЕНО ПЕРО, POEMarium ПОЕТИЧНО ОБЕДИНЕНИЕ, 9 000 поети, , конкурс № 37 за стихотворение от 8 до 12 реда по цитат: „Поезия е да опъвате сърдечните струни и да творите музика с тях” - Денис Габор.

¤¤¤¤¤¤¤¤¤¤¤¤¤¤¤¤¤¤¤¤¤¤¤¤¤¤

ONE DAY YOU WILL COME

Ages have passed since you told me:
"I'll be waiting for you by the old column
at sunset."
The wind blew away
your bright cloak.
Poplar fluff flew after you.
Above colonnades and over ancient temples
birds fly away, croak sways the air.
I send the sunsets –
how much lives I am reborn!
I'm waiting for you next to the old column,
when the sun is disappearing behind the peaks
and the scent of roses fills the air.
I hope we were born at the same time.

ANTHOLOGY OF THE YEAR 2100, Cooch Behar city, India, 2023, editor SOURAV SARKAR, ISBN-13 : 979-8862734508;
AWARD SURYODAYA LITERARY FOUNDATION, poem from 8 to 12 lines, theme: One Day You Will Come, 2021.

НЯКОЙ ДЕН ЩЕ ДОЙДЕШ

Епохи минаха откакто ти ми каза:
„До старата колона ще те чакам
по залез слънце."
Отвя далеко вятър
яркото ти наметало.

Пух от тополи подир тебе литна.
Над колонади и над древни храмове
прелитат птици,
грак люлее въздуха.

Изпращам залезите -

колко ли живота се прераждам!
Очаквам те до старата колона,
когато слънцето зад върховете чезне
и аромат на рози въздуха изпълва.
Дано родени сме в едно и също време.

ANTHOLOGY OF THE YEAR 2100 /"АНТОЛОГИЯ ЗА 2100 ГОДИНА", Cooch Behar city, Индия, 2023, редактор SOURAV SARKAR, ISBN-13 : 979-8862734508;
НАГРАДА, SURYODAYA LITERARY FOUNDATION / Литературна фондация "Изгрев", стихотворение от 8 до 12 стиха, тема: „НЯКОЙ ДЕН ЩЕ ДОЙДЕШ", 2021.

¤¤¤¤¤¤¤¤¤¤¤¤¤¤¤¤¤¤¤¤¤¤¤¤¤¤¤¤¤

ACROSTIC ON ACROSTIC

A - A prophetic dream brought me to you.
C - "Come with me" - you said and led me.
R - Roses of all colors bloomed around.
O - "Open your soul to my request" - you pronounced. -
S - "Sunny acrostic I wrote for you!
T - The universe heard my prayer.
I - I glorified your name in it,
C - charming, divine, my beloved!"

GOLDEN QUILL, the Poetic Union POEMarium, 9 000 poets from different countries, competition No. 135 for a poem of 8 to 16 lines, theme: ACROSTIC ON ACROSTIC. The acrostic is performed in English and in Bulgarian.

АКРОСТИХ ЗА АКРОСТИХ

А - Аз съм дошла от пророчески сън.
К - Каза ми: „С мене ела!" - и поведе ме.
Р - Рози от всички палитри цъфтяха навън.
О - „Отвори си душата, молбата ми чуй!
С - Слънчево пиша за теб акростих!

Т- Тръпнещ всемирът молитвите слуша.
И - Името твое прославям в стиха -
Х - харизматичен, божествен любими!”

ЗЛАТНО ПЕРО, Поетично обединение POEMarium, 9 000 поети от различни страни, конкурс № 135 за стихотворение от 8 до 16 реда, тема: „АКРОСТИХ ЗА АКРОСТИХ”. Акростихът е изпълнен на английски и на български.

¤¤¤¤¤¤¤¤¤¤¤¤¤¤¤¤¤¤¤¤¤¤¤¤¤¤¤¤¤

LIFE of a LEAF

To you I fly - a rainy cloud -
to shine on your bright flowers,
to caress your thin leaves and petals,
to flow down,
to fall heavy on the ground -
dizzy, powerless, wiser.

Let me touch your thin roots
and wild and galloping
to run through the caves secrets of the stem,
until I reach the peak
and I bloom like an unknown flower –
unrecognized by anyone, but still alive.

I roll over, I fly - a cloud of holy water –
let the leaves of the world be filled with moisture,
the leaves - a symbol of life on Earth.

RED Quill, Poetic Association POEMarium, 9,000 poets from different countries, competition No. 154 for a poem, theme: LIFE on a LEAF.

ЖИВОТЪТ на ЛИСТОТО

Към теб летя - дъждовен облак -
по твойте цветове да заблестя,
по твойте тънки листи да се галя,
да се стичам.
И тежка на пръстта да падна –
замаяна, безсилна, помъдряла.

До твойте тънки корени да се докосна
и буйна, и препускаща да тичам
из пещерите тайни на стеблото,

докато до върха му да достигна
и да разцъфна като цвят незнаен –
неразпознавана от никого, но жива.

Туптя, политам –
облаци вода светена -
листата на света да се изпълнят с влага,
листата – символ на живота на Земята.

ЧЕРВЕНО ПЕРО, Поетично обединение POEMarium, 9 000 поети от различни страни, конкурс № 154 за стихотворение от 8 до 16 реда, тема: „ЖИВОТ на ЛИСТ“.

¤¤¤¤¤¤¤¤¤¤¤¤¤¤¤¤¤¤¤¤¤¤¤¤¤¤¤¤

THROUGH THE AGES

We met when God created the worlds
and filled them with His love.
Then we got lost because we were scattered
in the edges of the universe.

I have kept the memory of you since that time.
Since then, the sun has been rising thousand times,
the moon has been going down thousand times.
I've been waiting for you thousand days,
thousand nights I've been dreaming of you ...
On how many planets I've searched for you.
How many galaxies I have passed with flame …

When we met again,
the light erupted.
The world has expanded,
in it were God, you and me.

Anthology MELODIOUS MUSINGS OF LOVE, Dr. Sonia Gupta, India, 2023, reviewer - Stoianka Boianova;
ATUNIS GALAXY ANTHOLOGY, anthology of contemporary world poetry, 2021;
RED QUILL, POEMarium, POETIC PARLEY – 61, Motif: FIRE of DESIRE, poem from 8 to 16 lines.

ПРЕЗ ВЕКОВЕТЕ

Срещнахме се, когато Бог създаде световете
и изпълни материята с любовта си.
После се изгубихме, защото ни разпръснаха
по краищата на вселената.

Аз оттогава пазя спомена за теб.

Оттогава хиляди пъти изгряваше слънцето.
Оттогава хиляди пъти залезе луната.
Хиляди дни бях те очаквала,
хиляди нощи бях те бленувала...
На колко планети съм те потърсила.
Колко галактики с плам съм пребродила...

Когато се срещнахме - светлината избликна.
Светът се разшири
и в него останахме Бог, ти и аз.

Антология ME AND MY VALENTINE /„АЗ И МОЯТ ВАЛЕНТИН“, Dr. Sonia Gupta, Индия, 2023, рецензент – Стоянка Боянова;
В антология на съвременната световна поезия, ATUNIS GALAXY ANTHOLOGY, 2021;
ЧЕРВЕНО ПЕРО, POEMarium, конкурс № 61, тема: „ОГЪН ОТ ЖЕЛАНИЕ”, стихотворение от 8 до 16 реда.

¤¤¤¤¤¤¤¤¤¤¤¤¤¤¤¤¤¤¤¤¤¤¤¤¤¤

SHADES OF LOVE

We closed the doors of all lives before this one.
We deleted happenings, people and adversities.
The urge to hurry towards each other had stayed
from God's creation of the worlds.
The force of magnetic attraction erupted.
The Earth and the Heaven began to embrace.
The Sky descended low and enveloped the Globe,
turned it so that there was no stopping.
Brilliant electric lightning flashed.
Heaven was caressing the Earth
with the most heavenly caresses
from the surface to the liquid core, to the lava ...
in the dance of life.

We closed the doors of all lives before this one.
And a road opened, crossing the worlds.

Anthology History of Common Literature Period Book 1: EDITED by SOURAV SARKAR – January 7, 2024, India;
AWARD Appreciation, POETRY PLANET, poetry challenge, competition 123Words, motif: Dance of life, Philippines.

СЛЕД СЪТВОРЕНИЕТО

Затворихме вратите на всичките животи преди този.
Изтрихме случки, хора и несгоди.
Останал беше поривът един към друг да бързаме
от сътворението Божие на световете.
Изригна силата на магнетичното привличане.
Земята и Небето се прегръщаха.
Небето слезе ниско и я обгърна цялата,
така я завъртя, че вече няма спиране.
Блестящи електрически светкавици се стрелнаха.

Небето приласка Земята с най-небесни ласки
до течното ядро и лавата
през танца на живота.

Затворихме вратите на всичките животи преди този.
И се отвори път, пресичащ световете.

Антология „История на общия литературен период“, книга 1: РЕДАКТИРАНА от SOURAV SARKAR – 7 януари 2024, Индия; НАГРАДА, POETRY PLANET, 52 000 автори от цял свят, предизвикателство за поезия, конкурс 123, тема: „ТАНЦЪТ НА ЖИВОТА”, Филипини.

¤¤¤¤¤¤¤¤¤¤¤¤¤¤¤¤¤¤¤¤¤¤¤¤¤¤

POETRY BETWEEN THE WORLDS

"There is not a particle of life which does not bear poetry within it" - Gustave Flaubert

I am a fruit from the tree of life.
Between infinitesimal and vast worlds.

Planets, star clusters, galaxies.
Anthills. Bacteria and viruses.
And the fleetingness of the one-day.
I burn - a glow in eternity.
And the speed of light.
A nimble snail.
Supersonic aircraft
in insect phosphorescent eyes.

Poetry flows from every cell
of the tiny , the limitless and the eternal.

Certificate of honor, AMAZONÍA PRODUCTIVA, FOUNDATION AND POETAS INTERGALÁCTICOS, Ecuador, June 2024;
GOLD QUILL, POEMarium, 9 000 poets from different countries, contest No. 51 for a poem based on a quote from 8 to 12 lines, TOPIC: "There is not a particle of life which does not bear poetry within it" - Gustave Flaubert .

ПОЕЗИЯ МЕЖДУ СВЕТОВЕТЕ

„Няма частица от живота, която да не носи поезия в себе си" - Гюстав Флобер.

Плод съм от дървото на живота.
Между бекрайно малки и необятни светове.

Планети, звездни купове, галактики.
Мравуняци. Бактерии и вируси.
И мимолетността на еднодневката.
Изгарям - миг във вечността.

И пъргав охлюв -
такава съм за светлината.
Свръхзвуков самолет
в очи фосфоресциращи на насекоми.

Поезия струи от всяка клетка
в миниатюрното, безбрежното и вечното.

Сертификат на честта, AMAZONÍA PRODUCTIVA FOUNDATION AND POETAS INTERGALÁCTICOS, юни 2024, Еквадор;
ЗЛАТНО ПЕРО, Поетично обединение POEMarium, 9 000 поети от различни страни, конкурс № 51, стихотворение по цитат от 8 до 12 реда, ТЕМА: „Няма частица от живота, която да не носи поезия в себе си" - Гюстав Флобер.

¤¤¤¤¤¤¤¤¤¤¤¤¤¤¤¤¤¤¤¤¤¤¤¤¤¤

BLUE DAY

Bluish flowers. A blue butterfly.
Beloved blue eyes, with flames - divine.
A rocky hill climbs to the blue sky.
There my home is. Bright roses shine.

Listed in HYPERPOEM Anthology (India, 2024), which has been submitted for inclusion and is pending acceptance in the Guinness Book of World Records , 2024, (№ 1247in the book);
GOLD QUILL, POEMarium POETIC GROUP, 9000 members, POETIC PARLEY competition № 70 for quatrain in English - rhyming and rhythmic, theme: Blue day. (Blue is the Color of Hope).

СИН ДЕН*

Синкави цветя. И сини пеперуди.
Синеока обич с пламъчета божии.
Хълм скалист изкачва небеса лазурни.
Моят дом изгрява сред сияйни рози.

* (Цветът на надеждата е син)

Вписана в антологията на HYPERPOEM (Индия, 2024), която е представена за включване и очаква приемане в Книгата на световните рекорди на Гинес, 2024,(№ 1247 в книгата);
ЗЛАТНО ПЕРО, POEMarium ПОЕТИЧНО ОБЕДИНЕНИЕ, 9 000 поети, конкурс № 70 за четиристишие на английски език – римувано и ритмувано, тема: „Син ден.“ (Цветът на надеждата е син). Условията се отнасят за английската версия.

¤¤¤¤¤¤¤¤¤¤¤¤¤¤¤¤¤¤¤¤¤¤¤¤

SPECTRUM

I dream of the oak forest, where we go -
with orange charming flowers of love,
with unforgettable blue forget-me-nots.
Golden blackbirds
and buttercups glow yellow,
speckled fishes are chased in the creek.

A spectrum of colors blooms
among the meadows
and the feelings from the words pour out.
A celestial rainbow shines above the planet.
Bodies and souls embrace each other
in happiness.
Tears of joy from the eyes are swinging -
rainbows flicker in everything visible.

RED QUILLS, POEMarium, 9 000 members, competition # 141 for a poem, from 8 to 16 lines, Theme: SPECTRUM.

СПЕКТЪР

Дъбравите сънувам, където да отидем -
с оранжеви омайни омайничета,
с незабравими сини незабравки.
Синигери и слънчево лютиче греят в жълто,
в рекичката се гонят пъстри риби.

Изгрява спектърът на цветовете сред ливадите
и чувствата от думите избликват.
Небесната дъга сияе над планетата.
Телата и душите се прегръщат празнично.
Сълзи на радост от очите се люлеят -
небесните дъги трептят във всичко видимо.

ЧЕРВЕНО ПЕРО, Поетично обединение POEMarium, 9 000 членове, конкурс № 141 за стихотворение от 8 до 16 реда, тема: „SPECTRUM / СПЕКТЪР“.

¤¤¤¤¤¤¤¤¤¤¤¤¤¤¤¤¤¤¤¤¤¤¤¤¤¤¤

TRAVEL IN THE DARKNESS

A dark plain is coming towards us.
Is it the sea? Is it a field?
We have yet to find out.

Behind us - mountain outlines.
Are they peaks?
Or do clouds travel?

The stars are glimmering -
shine brightly in the sky,
float out from the water -
in your eyes they reflect.
What a bright magnetic light!
A rose blooms in the dark
and your lips smile.

The truth is multifaceted, like humans.
God knows its actual face.

INDIAN ANTHOLOGY, April 28, 2023, India. ISBN-13 : 979-8392911806, Publisher: Independently published, editor: Sourav Sarkar, distributed through Amazon;
Certificate of honor from the international poetry competition INTERGALACTIC POETS and participation in an anthology of the Latin American Academy of Contemporary Literature, the World Academy of Literature, History, Art and Culture and the Creative Foundation AMAZONIA; GOLD QUILL, POEMarium POETIC GROUP, 9000 members, competition № 105 for a poem from 8 to 16 lines, theme: TRUTH.

ПЪТУВАНЕ ПО ЗДРАЧ

Към нас приижда тъмен небосклон.
Море ли е? Поле ли е?
Тепърва ще узнаем.

Зад нас - планински очертания.
Дали са върхове?
Или пътуват облаци?

Звезди проблясват,
възсияват на небето,
изплуват от водата -
в очите ти се отразяват.
И магнетична светлина!
Разцъфва роза в мрака
и устните ти се усмихват.

Истината многолика е, тъй както хората.
Бог познава истинското й лице.

INDIAN ANTHOLOGY/ „ИНДИЙСКА АНТОЛОГИЯ", април 28- ми, 2023, Cooch Behar, Индия. ISBN-13 : 979-8392911806, Издател : Independently published, редактор Sourav Sarkar;
Сертификат на честта от международен конкурс за поезия „МЕЖДУГАЛАКТИЧЕСКИ ПОЕТИ" и участие в антология на Латиноамериканската академия за съвременна литература, Световната академия по литература, история, изкуство и култура и Творческа фондация „AMAZONIA";
ЗЛАТНО ПЕРО, POEMarium ПОЕТИЧНО ОБЕДИНЕНИЕ, 9 000 поети, конкурс № 105 за стихотворение от 8 до 16 реда, тема: „ИСТИНА".

¤¤¤¤¤¤¤¤¤¤¤¤¤¤¤¤¤¤¤¤¤¤¤¤¤¤

LYRICAL LEAF

I write letters on cherry petals -
a wind carries them.
I recreate verses in my mind.
Whirlwinds lift them up to the sky-high
to the astral
with the whisper of the leaves.

We are in the chorus of art!
We feel the whole world as a homeland.
We have lived in the times.
Our dream is to be brothers with people,
with the animals - friends
and may harmony flourish on Earth!

Awards for "Outstanding work" from the XI INTERNATIONAL LITERARY EVENT POETRY OF TOLERANCE, theme: Tolerance, Poetas Intergalácticos, Ecuador, 2023;
GOLD QUILL, POEMarium POETIC GROUP, 9000 members, competition № 102 for a poem from 8 to 16 lines, theme: POEM — A Lyrical Leaf.

ЛИРИЧЕСКИ ЛИСТ

Пиша писма по листенца от вишня -
вятър ги носи.
Стихове пресъздавам наум.
Вихри ги вдигат навъзбог към астрала
с шепота на листата.

В хора на изкуството сме ние!
Чувстваме целия свят за родина.
Във времената сме пребивавали.
Хората да са братя - мечтаехме,
наши приятели да са животните.
Нека хармония цъфти на Земята!

Награда за „Изключителна работа” от „XI МЕЖДУНАРОДНО ЛИТЕРАТУРНО СЪБИТИЕ ПОЕЗИЯ НА ТОЛЕРАНТНОСТТА“, тема „Толерантност”, Poetas Intergalácticos, Еквадор, 2023;
ЗЛАТНО ПЕРО, POEMarium ПОЕТИЧНО ОБЕДИНЕНИЕ, 9 000 поети, конкурс № 102 за стихотворение от 8 до 16 реда, тема: "Лирически лист".
¤¤¤¤¤¤¤¤¤¤¤¤¤¤¤¤¤¤¤¤¤¤¤¤

tweetku22 by photo

*

My longed-for love!
I hug you at sunset
you turn into a solar vision.

Anthology VERSE VICTORIES: Celebrating the Best in Poetic Excellence, August 13, 2023. Poetry Planet features nearly 52,000 authors from around the world, Philippines.

tweetku22 по снимка

*

Моя жадувана любов!
Прегръщам те в залеза -
превръщаш се в слънчево видение.

Антология VERSE VICTORIES: Celebrating the Best in Poetic Excellence / „ПОЕТИЧНИ ПОБЕДИ: Озаменуване на най-доброто в поетическото съвършенство”, август, 2023, „Poetry Planet”;
Обществото на Poetry Planet включва около 52 000 автори от цял свят, Филипини.

¤¤¤¤¤¤¤¤¤¤¤¤¤¤¤¤¤¤¤¤¤¤¤¤¤¤¤¤

GLEAMS

"If you have the words, there's always a chance that you'll find the way."— Seamus Heaney

I can hear you everywhere, my love!
When you move, you stand, you sleep.
I hear your words, your steps, your thoughts.
When you climb to the roof of the world,
when you descend to the lower earth -
your words find a way to people.

My soul everywhere hears you, my love!
Our souls are used to talking to each other,
to hug, to kiss, to fly, to sing,
while we perform our earthly actions.

BLUE QUILL, POEMarium, 9 000 poets from different countries, competition Quote-Poem: 53 from 8 to 16 lines, Theme: "If you have the words, there's always a chance that you'll find the way." — Seamus Heaney.

ПРОБЛЯСЪЦИ

"Ако имате думите, винаги имате шанс да намерите пътя."
- Seamus Heaney

Навсякъде те чувам, обич моя!
Когато се движиш, когато стоиш, когато спиш,
чувам думите ти, стъпките ти, мислите.
Когато се качваш на покрива на света,
когато слизаш до долната земя -
думите ти намират път към хората.

Душата ми навсякъде те чува, обич моя!
Душите ни са свикнали сами да си говорят,
да се прегръщат, да се целуват, да летят, да пеят.

Докато земните си действия извършваме.

СИНЬО ПЕРО, Поетично обединение POEMarium, 9 000 поети от различни страни, конкурс № 53 за стихотворение по цитат от 8 до 12 реда, тема: "Ако имате думите, винаги имате шанс да намерите пътя." - Seamus Heaney.

¤¤¤¤¤¤¤¤¤¤¤¤¤¤¤¤¤¤¤¤¤¤¤¤¤¤¤

EVENING NEAR THE SEA

Red and round the sun hides in the sea.
After him, the horizon shines pink.
We are sitting at a table in the garden.
The breeze carries away our evening words.
You hand me a glass of ruby cherry juice.

Up in the sky parks
the wind carves cloudy figures.

Gradually the clouds darken.
Anxious ants rush along the paths.
Ravens fly over us screeching.
A fiery lightning flashes in the distance –
a shattering thunder shakes the space.

Is the rain approaching us,
or is heaven taking pictures for memory?

FREE VERSES, April 26, 2023, India. ISBN-13 : 979-8392675821, Publisher : Independently published, Editor: Sourav Sarkar, Amazon;
SOPHY CHEN'S TRANSLATION WORLD POETRY YEARBOOK 2022, Sophy Translation Internationals Publishing house, China, in English and Chinese;
GOLD QUILL from the Poemarium Poetry Association, 8 900 poets from different countries, competition № 102 for a poem from 8 to 16 lines, theme: CLOUDS.

ВЕЧЕР КРАЙ МОРЕТО

Червено и кръгло слънцето се скрива в морето.
След него розов грее хоризонтът.
Ние седим край маса в градината.
Бризът отнася вечерните думи.
Подаваш ми чаша с рубинен вишнев сок.

Горе в небесните паркове
вятърът вае облачни фигури.

Постепенно облаците потъмняват.
По пътеките бързат разтревожени мравки.
Гарвани с грак прелитат над нас.
В далечината светкавица проблясва –
разтърсващ гръм простора разлюлява.

Дали дъждът ни приближава,
или небето ни снима за спомен?

FREE VERSES/ „СВОБОДНИ СТИХОВЕ”, април 26- ти, 2023, Cooch Behar, Индия. ISBN-13 : 979-8392675821, издател : Independently published, редактор Sourav Sarkar;
SOPHY CHEN'S TRANSLATION WORLD POETRY YEARBOOK 2022 / „ПРЕВОДНА СВЕТОВНА ПОЕЗИЯ SOPHY CHEN 2022 ГОДИНА”, Sophy Translation International Publishing house, Китай, на английски и китайски;
ЗЛАТНО ПЕРО,Поетично обединение POEMarium, 8 900 поети от различни страни, конкурс № 108 за стихотворение от 8 до 16 реда, тема: "ОБЛАЦИ".

¤¤¤¤¤¤¤¤¤¤¤¤¤¤¤¤¤¤¤¤¤¤¤¤¤¤¤

SPHERE

"Poetry is as precise as geometry" - Gustave Flaubert

Maximum material in minimum volume!
The Earth is round, the Sun is round,
round is the dew, the apple,
the egg, the tear.

We get to know the universes
through geometric figures.
Art reproduces
a reality and a fantasy.

All sciences are reflected
in the creation of poetry.
Cosmic thoughts are raging
in the oval lobe of the wise man.

Anthology COOCH BEHAR ANTHOLOGY VOLUME 6: March 28, 2023, India, by SOURAV SARKAR;
RED QUILL, POEMarium, 9 000 poets from different countries, competition No 46 for a poem based on a quote, from 8 to 12 lines, THEME: "Poetry is as precise as geometry" - Gustave Flaubert.

СФЕРА

„Поезията е точна като геометрията" – Гюстав Флобер.

Максимум материя в минимум обем!
Кръгла е Земята, кръгло е Слънцето,
кръгла е росата, ябълката,
яйцето, сълзата.

Опознаваме вселените
чрез геометрични фигури.
Изкуството възпроизвежда
реалност и фантазия.

Всички науки се оглеждат
в сътворяването на поезия.
В овалния лоб на мъдреца
космически мисли бушуват.

Антология COOCH BEHAR ANTHOLOGY, VOLUME 6/ „Антология COOCH BEHAR", том 6 : март 28, 2023 , Индия, съставител SOURAV SARKAR;
ЧЕРВЕНО ПЕРО, Поетично обединение POEMarium, 9 000 поети от различни страни, конкурс № 46 за стихотворение по цитат от 8 до 12 реда, ТЕМА: „Поезията е точна като геометрията" – Гюстав Флобер.

¤¤¤¤¤¤¤¤¤¤¤¤¤¤¤¤¤¤¤¤¤¤¤¤¤¤

LONGING

I was in your youthful dreams
radiant, passionate, loving, hot...
Thank you for recognizing me
under the pleats of the holiday garment.

Our hands were touched by the light
and the sun boiled in you and me.
You saw me beautiful and realized –
we were reborn for the meeting.

A whirlwind of clouds whirled us
and thunder from ancient ages.
I gave thanks to God and to the world,
for the love we were blessed with.

We are filled with pure,
holy passion.
Countless galaxies
twinkle above us.

Appreciation awards, competition No 110, metaphorical poem based on a given picture, Poetry Planet, 52,000 authors from around the world, Philippine;
GOLD QUILL, POEMarium, 9 000 members, contest Poetic Parley No 144 for a poem from 8 to 16 lines, TOPIC: LOVE.

КОПНЕЖ

В мечтите ти младежки съм била
сияйна, страстна, любеща, гореща...
Благодаря ти, че ме разпозна
под диплите на празничната дреха.

Ръцете ни докосна светлина

и слънце закипя и в теб и в мене.
Красива ме видя и осъзна –
за срещата сме преродени.

Вихрушка облачна ни завъртя
и тътен от епохи древни.
Благодарих на Бог и на света,
за любовта, с която сме дарени.

И ни изпълни чиста,
свята страст.
Безброй галактики
блестят над нас.

Награда за висока оценка, конкурс № 110, метафорично стихотворение по картина, Poetry Planet, 52 000 автори от цял свят, Филипини; ЗЛАТНО ПЕРО, Поетично обединение POEMarium, 9 000 членове, конкурс № 144 за стихотворение от 8 до 16 реда, ТЕМА:„ЛЮБОВ"
¤¤¤¤¤¤¤¤¤¤¤¤¤¤¤¤¤¤¤¤¤¤¤¤¤¤¤¤¤¤

YOUR EYES

My eyes looked into your eyes...
I was looking for you,
I peered into the light of your eyes.
But in them I saw myself reflected
in a glamorous world where they love me.

In your eyes I was beautiful, I was loved,
that's how I was - what I dreamed of -
I was real, I was in love, irresistible...
now wise, now a child, now a white rose.

In your eyes I saw wonderful roads
lifting us up - we both walked
immortal, devoted, grateful
with the life gifted to us from infinity.

Your eyes...
Your eyes are lovely
in which I am beautiful and loved!

RED QUILL, POEMarium, 9 000 members, competition # 142 for a poem, from 8 to 16 lines, Theme: EYES.

ОЧИТЕ ТИ

Очите ми в очите ти се вглеждат...
Аз търсех теб,
надничах в светлината на очите ти.
Но в тях аз виждах отразена себе си
сред бляскав свят, където ме обичат.

В очите ти аз бях красива, бях любима,
такава бях - каквато съм мечтала –

бях истинска, бях влюбена, неотразима...
ту мъдра, ту дете, ту роза бяла.

В очите ти видях красиви пътища
да ни въздигат – двамата вървяхме –
безсмъртни, всеотдайни, благодарни
с живота, подарен ни от безкрая.

Очите ти...
Прекрасни са очите ти,
в които съм красива и обичана!

ЧЕРВЕНО ПЕРО, Поетично обединение POEMarium, 9 000 членове, конкурс № 142 за стихотворение от 8 до 16 реда, тема: „ОЧИ“.

¤¤¤¤¤¤¤¤¤¤¤¤¤¤¤¤¤¤¤¤¤¤¤¤¤

PENDULUM

At this moment I am sending you my thoughts.
I broadcast them in space. They will find you.

Our lives are pendulum motion
from left dead point - to the right,
from a work - in a sleep,
from a sleep - in a work,
from a sunrise - to a sunset,
from a sunset - to a sunrise.

Our lives are swaying continuously
from love - to deceit, from a smile - to a tear,
from birth - to death, from death - to resurrection.

Amid a mixture of feelings, I rediscover Love.

Life: Untying the Knot (an anthology of poems), editor and compiler Dr. Sonia Gupta, 2023, India;
RED QUILLS from POEMarium with over 8 500 authors from different countries, Quote Poem: 24 motif: Poetry - the clear expression of mixed feelings - W H Auden, for a poem of minimum 8 lines and maximum 12 lines.

МАХАЛО

В този миг моите мисли ти пращам.
Излъчвам ги в пространството. Ще те намерят.

Животът ни - движение на махало
от лява крайна точка - до дясна,
от работа в сън – от сън в работа,
от изгрев до залез – от залез до изгрев.

Животът ни люшка равномерно
от обич - в измама, от усмивка - в сълза,

от раждане - в смърт,
от смърт – към възкресение.

Преоткривам Любовта
със смесени чувства.

Life: Untying the Knot /„Живот: Развързване на възела" (an anthology of poems), редактор и съставител Dr. Sonia Gupta, 2023, Индия; ЧЕРВЕНО ПЕРО, Поетично обединение POEMarium с над 8 500 поети от различни страни, конкурс № 24 за стихотворение по цитат: „Поезията - ясният израз на смесени чувства" - W H Auden, от 8 до 12 реда.

¤¤¤¤¤¤¤¤¤¤¤¤¤¤¤¤¤¤¤¤¤¤¤¤¤¤¤¤¤¤¤¤

FANCY

Clouds -
look like men
who heavy amphorae carry,
look like women
who bathe in a blue river,
look like children,
who white seagulls chase.

A blink.

And the amphorae are gone,
there aren't the men,
the river is gone,
there aren't the women,
the birds are gone,
there aren't the children.

Life was almost past.
The blue sky - whitened.

Anthology Consciousness & Art Transformation, Мексико, 2024, compiler, translator, pubilsher Dr. Amb. Marlene Pasini, Amazon Mexico Services; Life: A Journey to Adore (an anthology of poems), editor and compiler Dr. Sonia Gupta, 2023, India;
CHINESE INTERNATIONAL ZHENG XIN POETRY AWARD, Dragon Boat Festival, China, 2022;
POET OF THE FORTNIGHT 15.12.2021, POEMarium POETIC GROUP, 9000 members, competition № 93 for a poem from 8 to 16 lines, theme: FANCY. Review by Prof. Pushpalatha Ramakrishnan.

ФАНТАЗИЯ

Облаци –
приличат на мъже,

които тежки амфори пренасят,
приличат на жени,
които в синева се къпят,
приличат на деца,
които бели чайки гонят.

Мигваш.

И няма вече амфори,
няма ги мъжете,
няма я реката,
няма ги жените,
птиците ги няма,
няма ги децата.

Животът е отминал.
Белее синевата.

Антология Consciousness & Art Transformation / Трансформация на съзнанието и изкуството, Мексико, 2024, Английско издание, съставител, преводач, издател д-р посл. Marlene Pasini, Amazon Mexico Services;
Life: A Journey to Adore /„Животът: Пътуване към обожанието" (an anthology of poems), редактор и съставител Dr. Sonia Gupta, 2023, Индия;
КИТАЙСКА МЕЖДУНАРОДНА НАГРАДА ЗА ПОЕЗИЯ ZHENG XIN, Фестивал на лодките-дракони, Китай, 2022;
ПОЕТ ЗА ПЪРВАТА ПОЛОВИНА НА ДЕКЕМВРИ 2021, POEMarium ПОЕТИЧНО ОБЕДИНЕНИЕ, 9 000 поети, конкурс № 93 за стихотворение от 8 до 16 реда, тема: "ФАНТАЗИЯ". Рецензия от проф. Pushpalatha Ramakrishnan.

¤¤¤¤¤¤¤¤¤¤¤¤¤¤¤¤¤¤¤¤¤¤¤¤¤¤¤

THE SMILE

You gave me back my smile
that people took to heaven.
Tore out the root of the pain.

You helped my soul
to be filled with love
to the living and the invisible,
to the Earth and the planets,
to the galaxies and the universes.

God inhabits everything.
He cries with our tears,
smiles with our lips.

Love is God and appears
in light above the world.
He sent you to me
like the man from the hill.
And I recognized you -
the man from the worlds.

My heart can feel the smile of God.

Award BEST AUTHOR EUROPEAN COMMUNITY - SECTOR B (for a cycle of poems) from the International Poetry Competition, Ossi Di Seppia 2024, Italy;
In the magazine OUR POETRY ARCHIVE, July 2024 V-10 N-4 Issue No. 112, India, Chief Editor NilavroNill Shoovro;
Certificate from Literary Group खरणनर गान - The Brook Song, over 4 thousand members, in the poetry competition on the theme: Smile of God.

УСМИВКАТА

Ти върна моята усмивка,

отнесена от хората в небето.
Изтръгна корена на болката.

Помогна на душата ми
да се изпълни с обич
към живи и невидими,
планети и Земя,
галактики, вселени.

Бог обитава всичко.
Той плаче със сълзите ни,
и се усмихва с устните ни.

Любов е Бог и появява се
светлинно над света.
Изпрати те при мен
като мъжът от хълма.
И аз те припознах
в мъжа от световете.

Сърцето ми усеща усмивката на Бог.

Награда „НАЙ-ДОБЪР АВТОР НА ЕВРОПЕЙСКАТА ОБЩНОСТ – СЕКТОР Б" (за цикъл стихове) от Международния поетичен конкурс "Ossi Di Seppia" 2024, Италия;
В списание "OUR POETRY ARCHIVE", "July 2024 V-10 N-4, Issue No. 112, Индия, главен редактор NilavroNill Shoovro;
Сертификат от Литературна група „ ঝর্ণার গান - The Brook Song", над 4 хил. членове, конкурс на тема „Усмивката на Бог".

¤¤¤¤¤¤¤¤¤¤¤¤¤¤¤¤¤¤¤¤¤¤¤¤¤¤¤¤¤¤¤¤¤¤¤¤¤¤¤

SPEECHLESS SPEECH

I learned to communicate mentally with the Universe.
Of mind I tell the flower how lovely it is,
of the dewdrop how perfect it is,
of the star how far it is,
but it's reflected in my essence.

I send signals to beings in space,
to loved ones in the afterlife.

I wake up and tell you out loud:
"Good morning, beloved!
Let's sing our song for God's praise!"

Golden Eagle granted by Prodigy Life Academy US for achievement in global AWAKENING;
PRODIGY MAGAZINE, October 2023, USA, theme: Awakening;
POLIS magazine, 21.07.2024, Greece;
WORLD POETRY TREE , Anthology for Hope, Love and Peace, Expo - Dubai 2020 Edition;
RED QUILL, POEMarium, Poetic Parley # 64, poem from 8 to 16 lines, motif: SPEECHLESS SPEECH.

БЕЗСЛОВЕСНА РЕЧ

Научих се да общувам с всемира мислено.
Наум казвам на цветето колко е прелестно,
на росната капка колко е съвършена,
на звездата колко е далечна,
а се отразява в същността ми.

Изпращам сигнали на съществата в космоса,
на близките в отвъдните светове.

Събуждам се и ти казвам на глас:
- Добро утро, любими!
Да изпеем песничката за възхвала на Бог!

"ЗЛАТЕН ОРЕЛ", предоставен от Prodigy Life Academy, САЩ, за постижения в глобалното ПРОБУЖДАНЕ, 2023;
PRODIGY MAGAZINE, октомври 2023, САЩ, тема „Събуждане";
Списание „POLIS", 21.07.2024, Гърция;
WORLD POETRY TREE Anthology for Hope, Love and Peace / „СВЕТОВНО ПОЕТИЧНО ДЪРВО, антология за надежда, любов и мир", Дубай - Експо 2020;
ЧЕРВЕНО ПЕРО, POEMarium, конкурс № 64, тема: „Безсловесна реч", стихотворение от 8 до 16 реда.

¤¤¤¤¤¤¤¤¤¤¤¤¤¤¤¤¤¤¤¤¤¤¤¤¤¤

DEDICATION

You who walk modestly on your path
and hear the heart of the Earth,
and you sense the rotation of the planets,
and you feel the pulse of the stars;
you who are a star inhabitant
and you want to write with light;
you who have not forgotten,
that we were created in the likeness of God
and you dream we go back to Paradise,
to be there where we were created for;
you, who … if you really exist
and I follow you,
and others if they followed you there,
and others…

We will return to the sacred earth,
we shall be in the dreamed land,
we will be there,
where the godlikes
live with the Gods.

The LIBRE Global Poetry Prize and the certificate, World Poetry from POETAS INTERGALACTICOS / INTERGALACTIC POETS, May 2023; In ATUNIS GALAXY ANTHOLOGY, anthology of contemporary world poetry, 2021.

ПОСВЕЩЕНИЕ

Ти, който вървиш скромно по пътя си
и дочуваш сърцето на Земята,
и долавяш въртенето на планетите,
и усещаш пулса на звездите;
ти, който си звезден жител
и искаш със светлина да пишеш;

ти, който не си забравил,
че сме създадени по подобие Божие
и мечтаеш Божествено да се обичаме,
и бленуваш да се завърнем в рая,
да сме там, за където сме създадени;
ти, който... ако наистина съществуваш
и аз те последвам
и други ако натам са поели,
и други...

Ще се завърнем на земята свещена,
ще бъдем на земята бленувана,
ще бъдем там,
където богоподобните
живеят с Боговете.

Глобална награда за поезия LIBRE и почетен сертификат „Световна поезия",
LIBRE Global Poetry Prize and Honorary Certificate "World Poetry",
POETAS INTERGALACTICOS / МЕЖДУГАЛАКТИЧЕСКИ ПОЕТИ, май 2023;
В антология на съвременната световна поезия, „ATUNIS GALAXY ANTHOLOGY", Demer Press, 2020.

¤¤¤¤¤¤¤¤¤¤¤¤¤¤¤¤¤¤¤¤¤¤¤¤¤¤

INSIGHT

"Writing poetry is a passion, ignited by thoughts, fueled by ink" - Renee Dixon

You are real to me -
when I see you I recognize you,
as soon as I hug you –
it's like I'm hugging myself,
I become another, you turn into another -
the two of us form a new being,
subject to the rhythm of the Cosmos.

We live with enthusiasm,
we write with passion, we anciently love.
God created us with inspiration.
He has infused us with blood
from the ink of infinity.

DECEMBER ANTHOLOGY , Independently published (October 30, 2023)– October 30, 2023, ISBN-13 : 979-8865934585, by SOURAV SARKAR, India; The Redefining Poetry, Poetry Anthology from Litterateur Redefining World, published by Real Magazine Productions with Shajil Anthru as Chief Editor, India ;
BLUE QUILL, POEMarium, 9 000 poets from different countries, competition No 54 for a poem, from 8 to 12 lines, Theme: "Writing poetry is a passion, ignited by thoughts, fueled by ink" - Renee Dixon.

ПРОЗРЕНИЕ

„Писането на поезия е страст, запалена от мисли, подхранвана от мастило."
— Рене Диксън

Реален за мене си ти –
когато те видя, те разпознавам,
щом те прегърна –

прегръщам сякаш себе си,
аз ставам друга,
ти се превръщаш в друг -
двамата образуваме ново същество,
подчинено на ритъма на Космоса.

Живеем с ентусиазъм
пишем със страст, антично обичаме.
Бог ни е сътворил с вдъхновение -
влял ни е кръв
от мастилото на безкрая.

DECEMBER ANTHOLOGY / „АНТОЛОГИЯ ДЕКЕМВРИ" , Independently published (October 30, 2023)– October 30, 2023, ISBN-13 : 979-8865934585, by SOURAV SARKAR, Индия;
The Redefining Poetry, поетична антология от Litterateur Redefining World, публикувана от Real Magazine Productions с Shajil Anthru като главен редактор, Индия;
СИНЬО ПЕРО, Поетично обединение POEMarium, 9 000 поети от различни страни, конкурс № 54 за стихотворение от 8 до 12 реда, тема: „Писането на поезия е страст, запалена от мисли, подхранвана от мастило." — Рене Диксън.

¤¤¤¤¤¤¤¤¤¤¤¤¤¤¤¤¤¤¤¤¤¤¤¤¤¤

TALE BY THE BLUE LAKE

Bluish flowers. And blue butterflies.
Blue eyes glow with divine flames.
A blue wind sways the blue mountain lake.
Two blue dragonflies flicker over water.
I - where do I go with my green eyes?

Laughter green in the grasses. Green mountain pines.
Green mosses hide so happy moments.
And golden footsteps of the green sun.

And me - where? You look at me blue.
Two eyes scatter blue forget-me-nots.
You want to grab me in the blue fairy tale.

Come on! Catch me!
We run up the slope.
The wind chases me with blue butterflies.
Flowers trip me with thin blue snares.
Green peaks are chasing with the blue sky.

BLUE QUILL, POEMarium, 9 000 poets from different countries, competition Poetic Parley -123 , from 8 to 16 lines, THEME: COLOURS.

ПРИКАЗКА КРАЙ СИНЬОТО ЕЗЕРО

Синкави цветя. И сини пеперуди .
Две очи синеят с пламъчета Божии.
Вятър син полюшва езерото синьо.
Синьо водно конче язди над водата.
А аз - накъде ли с тез очи зелени?

Смях зелен в тревата. Клекове зелени.
Мъхове зелени миг щастлив укриват.

И златисти стъпки на зелено слънце.

А аз – накъде ли - синьо ме поглеждаш.
Две очи разплискват сини незабравки.
Искаш да ме грабнеш в приказката синя.

Хайде, настигни ме! Хукваме по склона.
И ме гони вятър с пеперуди сини.
И цветя ме спъват с тънки примки сини.
Върхове зелени с небеса се гонят.

СИНЬО ПЕРО, Поетично обединение POEMarium, 9 000 поети от различни страни, конкурс № 123 за стихотворение от 8 до 16 реда, ТЕМА: "ЦВЕТОВЕ".

¤¤¤¤¤¤¤¤¤¤¤¤¤¤¤¤¤¤¤¤¤¤¤¤¤¤
*

The rain went away and a rainbow appeared in the sky.
You hugged me and we took off after an ethereal butterfly.

Prize for a rhyming couplet in English on the topic: RAIN from the poetry association CONECT E-ZINE, 22.07.2023.
*

Дъждът отмина, в бистрото небе изгря дъга.
Ти ме прегърна и двамата поехме след пеперудени крила.

Награда за римувано двустишие на английски език на тема „ДЪЖД" от поетично обединение CONECT E-ZINE, 22.07.2023.
¤¤¤¤¤¤¤¤¤¤¤¤¤¤¤¤¤¤¤¤¤¤¤¤¤¤¤¤¤¤

MORNING HOPE

The cobbled street is fast in the morning.
I'm stepping from stone to stone by stone...

I imagine tomorrow -
a world without pandemic,
wiser humanity, we live in brotherhood,
harmony, peace. God blesses us.
Around - aroma of flowers, songs of birds,
people's laughter.
I think of you, I long for you,
I behold you...

Imperceptibly I reached the top of the hill.
Winged by my hope, I fly
from cloud to cloud by cloud...
And I float above the Earth

THE DAILY GLOBAL NATIONAL, An International Independent Newspaper, Bangladesh, World Literature section, 02.10.2023;
Anthology world poets LIVINGS VOICES, editors Editors Rei Berroa and Fernando Cabrera, Dominican Republic, 2022;
Participation in the 1st Philippines Venue of the Chinese Poetry Spring Festival Gala, 2022;
WORLD POETRY TREE, Anthology for Hope, Love and Peace, Expo - Dubai 2020 Edition;
PRIZE from the 16th competition of the SURYODAYA Literary Foundation for a poem from 8 to 20 lines, theme: Humanity.

НАДЕЖДА

Утринно бърза калдъръмена улица.
Стъпвам от камък на камък по камък…

Представям си утрешен свят без пандемия.
Живеем в хармония, помъдряло човечество.

В братство и мир. Благославя ни Бог.
Аромат на цветя, птичи песни наоколо,
хора се смеят.
Мисля за теб, бленувам,
съзирам те...

Неусетно достигам върха на хълма.
С окрилената моя надежда политам
от облак на облак над облак…
И над Земята се нося.

THE DAILY GLOBAL NATIONAL / „ГЛОБАЛЕН НАЦИОНАЛЕН ВСЕКИДНЕВНИК”, Международен независим вестник, Бангладеш, рубрика „Световна литература”, 02.10. 2023;
Антология световни поети „LIVINGS VOICES”, редактори Rei Berroa и Fernando Cabrera, Доминиканска република, 2022;
WORLD POETRY TREE /”СВЕТОВНО ПОЕТИЧНО ДЪРВО”, Anthology for Hope, Love and Peace /антология за надежда, любов и мир, Expo - Dubai 2020 Edition /Дубай - Експо 2020;
Участие в 1-вия Филипински международен поетичен фестивал на китайската пролетна поезия „Гала Фест”, 2022;
НАГРАДА от 16-тия конкурс на Литературна фондация SURYODAYA/ИЗГРЕВ за стихотворение от 8 до 20 реда, тема: "Хуманност".

¤¤¤¤¤¤¤¤¤¤¤¤¤¤¤¤¤¤¤¤¤¤¤¤¤¤

PAINTINGS OF LOVE

The fiery sun is on the horizon.
Is it rising? Is it going down?

The wind sways reflections in the flowers.
Does it wake them up, put them to sleep?

You stand dreamily in the doorway.
Are you coming? Are you leaving?

I'm happy next to you and I'm smiling.
Do I welcome you? Or am I sending you?

I describe you with words and heart.
Colors and fantasy in your verses find me.

Images of love we embody,
cosmically commensurate.

CANVAS OF THOUGHTS, a monthly online international literary magazine, first issue, January 2024, editor DR. SONIA GUPTA, foreword by Stoianka Boianova;
GOLD QUILLS from POEMarium, 9 000 poets from different countries, competition Quote-Poem: 48 for a poem based on a quote, from 8 to 12 lines, THEME: "Painting is silent poetry, and poetry is painting that speaks." – Plutarch.

КАРТИНИ ОТ ЛЮБОВТА

Слънцето е огнено върху ръба на хоризонта.
Изгрява ли? На залез ли е вече?

Вятърът люлее отблясъци в цветята.
Събужда ли ги? Или ги приспива?

Спрял си замечтан на прага на вратата.
Идваш ли? Отиваш ли си всъщност?

Щастлива съм до теб и се усмихвам.
Посрещам ли те? Или те изпращам?

С думи и сърце те обрисувам.
Багри и фантазия в стиха ти ме намират.

Образи на любовта превъплъщаваме,
космически съизмерими.

CANVAS OF THOUGHTS / „Платно от мисли", месечно онлайн международно литературно списание, първи брой, януари 2024 г., в Индия, редактор DR. SONIA GUPTA, предговор Стоянка Боянова; ЗЛАТНО ПЕРО, Поетично обединение POEMarium, 9 000 поети от различни страни, конкурс № 48 за стихотворение по цитат от 8 до 12 реда, ТЕМА: "Живописта е мълчалива поезия, а поезията е живопис, която говори." – Плутарх.

¤¤¤¤¤¤¤¤¤¤¤¤¤¤¤¤¤¤¤¤¤¤¤¤¤

TO THE ERA OF LOVE

We are particles from mankind,
placed to live on the most amazing planet.
We are created with love
in the image and likeness of God.

We have not yet reached the Era of Love -
we hate sometimes.

When we love, we don't war,
don't hurt, don't blackmail, don't destroy.
"Nonviolence is the culmination of manhood,"
an insight of Mahatma Gandhi.

We are learning the Higher Laws.
Love builds and elevates us,
it brings great energy into the entire cosmos.
Love raises us to God.

Farewell To War, OUR POETRY ARCHIVE Annual Anthology Of Poetry, 2024;
Recognition of honor certificates from IV INTERNATIONAL LITERARY EVENT, 2024, ART IN POETRY, organized by Desde Responsible Travel; the Fundación Amazonía Productiva de Ecuador; Poetas Intergalácticos, Ecuador;
WORLD NATIONS WRITERS' UNION, the Temirqazyq - Best Writers of the world Contest 2019, THIRD PRIZE;
RED QUILL, Poetic Association POEMarium, 9,000 poets from different countries, competition No. 152 for a poem, theme: PEACE.

КЪМ ЕРАТА НА ЛЮБОВТА

Ние сме частици от човечеството,
поставени да живеят на най-изумителната планета.
Сътворени сме с любов по образ и подобие Божие.
Все още не сме достигнали Ерата на любовта –

понякога мразим.

Когато обичаме, не водим войни,
не нараняваме, не изнудваме, не разрушаваме.
„Кулминация на мъжество е ненасилието”-
прозря Махатма Ганди.

Учим се на Висшите закони.
Любовта гради и възвисява,
внася велика енергия в космоса.
Любовта ни издига до Бог.

Farewell To War / „Сбогом на войната”, OUR POETRY ARCHIVE Annual Anthology Of Poetry, 2024/ Годишна антология на ОРА, 2024;
Сертификати „признание на честта” от IV –то МЕЖДУНАРОДНО ЛИТЕРАТУРНО СЪБИТИЕ 2024 „ПОЕТИЧЕСКО ИЗКУСТВО“, организирано от Desde Responsible Travel; la Fundación Amazonía Productiva de Ecuador; Poetas Intergalácticos, Еквадор;
„Най-добри писатели в света Temirqazyq - 2019” на WORLD NATIONS WRITERS' UNION / СЪЮЗ НА ПИСАТЕЛИТЕ НА ОБЕДИНЕНИТЕ НАЦИИ – ТРЕТА НАГРАДА;
ЧЕРВЕНО ПЕРО, Поетично обединение POEMarium, 9 000 поети от различни страни, конкурс № 152 за стихотворение, тема: „МИР”.
¤¤¤¤¤¤¤¤¤¤¤¤¤¤¤¤¤¤¤¤¤¤¤¤¤¤¤¤¤

SACRED WORDS / САКРАЛНИ ДУМИ

¤¤¤¤¤¤¤¤¤¤¤¤¤¤¤¤¤¤¤¤¤¤¤¤¤¤¤¤¤

CREATED

Our Creator, you have decided
I to experience in a dream and in real
Love, beauty and hope.
I to be a person on planet Earth -
An eye of the Universe.

The 6th World Gogyoshi Anthology, Poetry Planet Book Publishing House, editor Taro Aizu, 2024.

СЪТВОРЕНА

Създателю наш, решил си
Да преживея насън и наяве
Любов, красота и надежда.
Човек да съм върху планетата Земя -
Око на Всемира.

The 6th World Gogyoshi Anthology /„Шеста антология на световното гогьоши", Poetry Planet Book Publishing House, редактор Taro Aizu, 2024.

¤¤¤¤¤¤¤¤¤¤¤¤¤¤¤¤¤¤¤¤¤¤¤¤¤¤¤¤¤

MOTHER'S TESTAMENT

I was a small child.
I ran through the Valley of the Roses,
under green mountain peaks.

Pride has two faces - Mom teaches me -
can inspire
and destroy.

She bequeathed to me her love for God,
to the light from the stars,
to the amazing planet Earth.

In CANVAS OF THOUGHTS, a monthly online international literary magazine, issue five, May 2024, India, editor DR. SONIA GUPTA, dedicated to Mother's Day - 12th May.

МАЙЧИН ЗАВЕТ

Малко дете съм била.
Тичах през Долината на розите,
под зелени планински върхари.

Гордостта има две лица – учи ме мама -
Може да вдъхновява
и да руши.

Своята обич към Бог завеща ми
със светлина от звездите,
с невероятната свидна планета - Земя.

В CANVAS OF THOUGHTS / „Платно от мисли”, месечно онлайн международно литературно списание, брой пети, май 2024 г., Индия, редактор DR. SONIA GUPTA, посветено на празника на майката – 12 май.

¤¤¤¤¤¤¤¤¤¤¤¤¤¤¤¤¤¤¤¤¤¤¤¤¤¤¤¤

SPRING MEMORIES

Blooming spring branches.
With dad I hop hand in hand,
we sing along the way.
He is my guide through the world
and in the mountains.

Blue eyes - sparkling, gushing asterisks
when he looks at me.
God is for everyone! - told me.
My first teacher of poetry.

Together we look for constellations
over the Valley of the Roses.
Winds the flowers scatter –
petal by petal, day by day.
They blow everything away.

On this blossoming spring evening
my father's flute
is ringing among the stars.

Anthology GUIDING LIGHT ON OUR EARTHLY PATH, poems about the father by 52 famous poets from different countries, editor and compiler - Dr. Sonia Gupta, India. Reviewer - Stoianka Boianova.

ПРОЛЕТНИ СПОМЕНИ

Разцъфнали пролетни клони.
С татко подскачам ръка за ръка,
пеем по пътя.
Мой водач през света и в планините.

Сини очите - искрящ звездопад,

щом ме погледне.
Бог е за всички! – ми каза.
Мой пръв учител по стихове.

Заедно търсим съзвездия
над Долината на розите.
Ветрове цветовете пилеят –
лист подир лист, ден подир ден.
Всичко отвяват.

В тази цъфнала пролетна вечер
флейтата на баща ми
звънти сред звездите.

Антология GUIDING LIGHT ON OUR EARTHLY PATH / „ПЪТЕВОДНА СВЕТЛИНА ПО ЗЕМНИЯ НИ ПЪТ", стихове за бащата от 52 известни поети от различни страни, редактор и съставител - д-р Соня Гупта, Индия. Рецензент – Стоянка Боянова.

¤¤¤¤¤¤¤¤¤¤¤¤¤¤¤¤¤¤¤¤¤¤¤¤¤

SPRING MOMENTS

Ice wind.
Willow branches tremble
waiting for spring.
A sunny road ahead.
God welcomes us
with the first crocuses.

The wind dies down
in a forest by the creek -
in the rhizomes - fish,
in the branches - thrushes,
an angelic whiff of plum blossoms.

Hasty ants on the road –
we one step - they thousands.

BLUE QUILL, POEMarium, 9 000 poets from different countries, competition # 146 for a poem, from 8 to 16 lines, Theme: Spring.

ПРОЛЕТНИ МИГНОВЕНИЯ

Леден вятър.
Върбови клонки потръпват
в очакване на пролет.
Слънчев път пред нас.
Бог ни приветства
с първите минзухари.

Вятърът стихва
в гора край рекичката -
в кореницата – риби,
в клоните – дроздове,
ангелски полъх

от цъфнали сливи.

Бързащи мравки по пътя –
ние една крачка – те хиляди.

СИНЬО ПЕРО, Поетично обединение POEMarium, 9 000 поети от различни страни, конкурс № 146 за стихотворение от 8 до 16 реда, тема: „Пролет“.

¤¤¤¤¤¤¤¤¤¤¤¤¤¤¤¤¤¤¤¤¤¤¤¤¤¤

EARTHLY AND HEAVENLY SEASONS

Tonight thise trees are blooming.
So it is here, so it is.
But those trees bloom continuously there.
So it is there, so it is.

The people die from overwork.
So it is here, so it is.
They work, sing, dream and fly.
So it is there, so it is.

Tormented life, hostile road.
So it is here, so it is.
The peak is high, the spirit - high.
So it is there, so it is.

RED QUILL, POEMarium, 9 000 member, competition # 145 for a poem, from 8 to 16 lines, Theme: Seasons.

ЗЕМНИ И НЕБЕСНИ СЕЗОНИ

Дърветата разцъфват тази нощ –
така е тук, така е.
А там цъфтят, не прецъфтяват никога –
така е там, така е.

Умират хората убити от труда –
така е тук, така е.
Работят, пеят и летят -
така е там, така е.

Сърдит живот, враждебен път –
така е тук, така е.

Висок върхът, висок духът -
така е там, така е.

ЧЕРВЕНО ПЕРО, Поетично обединение POEMarium, 9 000 членове, конкурс № 145 за стихотворение от 8 до 16 реда, тема: „Сезони“.

¤¤¤¤¤¤¤¤¤¤¤¤¤¤¤¤¤¤¤¤¤¤¤¤¤¤

ALTERED REALITY

The world is unrecognizable today -
war after war breaks out.
As if in a midnight nightmare –
we can't wake up.

Peacemakers called for peace,
poets predict in verses
how harmony would return.
Peace lives in our dreams.

RED QUILL, POEMarium, contest Poetic Parley No 137 for a poem from 8 to 16 lines, TOPIC: POET as ARCHITECT.

ПРОМЕНЕНА РЕАЛНОСТ

Неузнаваем днес е светът –
избухват война след война.
Сякаш в среднощен кошмар –
не можем да се пробудим.

Призовават мира миротворци,
поети провиждат в стихове
хармонията как се завръща.
Мирът в мечтите живее.

ЧЕРВЕНО ПЕРО, Поетично обединение POEMarium, конкурс № 137 за стихотворение от 8 до 16 реда, ТЕМА: „ПОЕТЪТ като АРХИТЕКТ”.

¤¤¤¤¤¤¤¤¤¤¤¤¤¤¤¤¤¤¤¤¤¤¤¤¤¤

IN THE VALLEY OF THE ROSES

Here the roses grow and the sunset burns -
a huge celestial candle behind the round peaks,
behind feathery leaves and lovely fruit,
behind colors of fire and clouds of gold.
But life bothers me, it's not only roses.

Here the roses bloom, the stars are so huge.
Clear water gushes from the earth's springs.
Greenery spurts and the scent of oil-bearing roses.
But! Life is full of bloody thorns,
with insults, pains, wars, poses
and it's not only roses.

Here roses are picked and the morning is bright,
dew glistens everywhere, the sky descends low,
the sun rises solemn, magnificent, golden.
Oil from roses drips, nightingales sing close.
Beautiful life, my God! But it's not only roses!

POLIS magazine, 21.07.2024, Greece;
RED QUILL, POEMarium POETIC ASSOCIATION, 9,000 poets, competition No. 149 for a poem of 8 to 16 lines, theme: ROSE IN POSE.

В ДОЛИНАТА НА РОЗИТЕ

Тук розите растат и залезът догаря -
една небесна свещ зад облите върхари,
зад огнени кълба и облаци от злато,
зад перести листа, и плодове богати.
Ала животът ме тревожи - той не е само рози.

Тук розите цъфтят, огромни са звездите.
Прозрачната вода от изворите блика.
Зеленина струи и аромат се носи

на рози. Но уви!
Животът е изпълнен с кървави бодли,
с обиди, болки, пози,
с драми и войни, и не е само рози.

Тук рози се берат и утрото е бистро,
роса блести навред, небето слиза ниско,
и слънцето изгрява огнено, златисто.
Масло от рози капе и славей пее близко.
Красив живот, о Боже, но не е само рози!

Списание „POLIS", 21.07.2024, Гърция;
ЧЕРВЕНО ПЕРО, POEMarium ПОЕТИЧНО ОБЕДИНЕНИЕ, 9 000 поети, конкурс № 149 за стихотворение от 8 до 16 реда, тема: „ПОЗИРАНЕ С РОЗА".

¤¤¤¤¤¤¤¤¤¤¤¤¤¤¤¤¤¤¤¤¤¤¤¤¤¤

GROWING MOON

The sun goes out.
Yards, roofs, and houses emit heat.
The blooming gardens shelter
the incoming worlds.

The moon climbs to the mountain's top
and recognizes all of us by name –
it probably remembers our first breaths of air,
illuminates the steps and exalts the paths.

The evening subsides, the midnight walk
welcomes loving beings.
The moon reflects our thoughts and feelings.
Love grows on a full moon,
saves us from the night visions
and fills us with reflected light.

In GHORSOWAR International e-Journal, May 2024,India, Editors Nihar Ranjan Das and Dr. Chandrani Choudhuri;
Published in the Dylan Day 2024 project, dedicated to DYLAN THOMAS, theme: Moon;
RED QUILL, POEMarium, 9 000 poets from different countries, competition No 130 for a poem, from 8 to 16 lines, Theme: LUNA & the LYRIST.

НАРАСТВАЩА ЛУНА

Угасва слънцето. Излъчват топлина
дворове, покриви и къщи.
Цъфтящите градини приютяват
прииждащите светове.

Луната се изкачва към върха на планината
и разпознава всички ни поименно –
навярно помни първите ни глътки въздух,

огрява стъпките и възвисява пътищата.

Притихва вечерта, среднощната разходка
приветства влюбените същества.
Луната отразява мислите ни, чувствата.
Нараства любовта по пълнолуние,
спасява ни от нощните видения
и ни изпълва отразена светлина.

В международно електронно списание GHORSOWAR, май 2024, Индия, редактори Nihar Ranjan Das и
д-р Chandrani Choudhuri;
Публикувано в проекта Dylan Day 2024, посветен на ДИЛАН ТОМАС, тема: „Луна”;
ЧЕРВЕНО ПЕРО, Поетично обединение POEMarium, 9 000 поети от различни страни, конкурс № 131 за стихотворение от 8 до 16 реда, тема: „Луна и лирик“.

¤¤¤¤¤¤¤¤¤¤¤¤¤¤¤¤¤¤¤¤¤¤¤¤¤¤¤¤¤¤¤¤¤¤

I WALK THROUGH THE FIELD THINKING OF YOU

I look back.
It seems, you whistling to me.
And look, the birds are chirping.
A grasshopper is playing inspired
among ants and blackberries.

I walk alone.
Happy frogs sing in choir,
what a remarkable unity.
Today everyone reminds for you.
Among this beauty I am another.
Without you I am other.

SONGS OF PEACE: THE WORLD'S BIGGEST ANTHOLOGY OF CONTEMPORARY POETRY 2020, League of Poets, 2020, Nigeria, ISBN: 13-979-8-6271-1619-8;
BLUE QUILL, POEMarium POETIC GROUP, 9000 members, Poetic Parley № 50, for a poem neither less than 8 lines nor more than 16 lines, motif: Sounds of Spring.

С МИСЪЛ ЗА ТЕБ ПРЕЗ ПОЛЕТО

Обръщам се.
Ти сякаш ми подсвиркваш -
всъщност - птици чуруликат.
Скакалецът свири вдъхновен
сред мравки и къпини.

Вървя сама.
Щастливи жаби пеят в хор,
забележителна задруга.
Днес всичко ми напомня теб.
Сред тази красота съм друга.
Без теб съм друга.

SONGS OF PEACE: THE WORLD'S BIGGEST ANTHOLOGY OF CONTEMPORARY POETRY 2020. League of Poets, 2020 „ПЕСНИ ЗА МИРА": НАЙ-ГОЛЯМАТА СВЕТОВНА СЪВРЕМЕННА ПОЕТИЧНА АНТОЛОГИЯ, Лига на поетите, 2020, Нигерия, ISBN: 13-979-8-6271-1619-8;
СИНЬО ПЕРО, POEMarium ПОЕТИЧНО ОБЕДИНЕНИЕ, 9 000 поети, конкурс № 50, стихотворение от 8 до 16 реда, тема: „Звуци на пролетта".

¤¤¤¤¤¤¤¤¤¤¤¤¤¤¤¤¤¤¤¤¤¤¤¤¤¤¤¤

IN THE NIGHT OF THE PERSEIDS

"I would define ... the Poetry of words as the Rhythmical Creation of Beauty."- Edgar Allan Poe

Shadows run out of the darkness.
Mystical fireflies shine.

I am standing on a terrace of the Earth
and stare at the sky.
You are on a terrace in Heaven
and look at the Earth.

A flower through your palms
descends meteorically.
Leaves trembling in the twilight,
whisper green secrets.
Sacred words are arriving
and exalt the souls.

RED QUILL from POEMarium, 9 000 poets from different countries, contest No. 52 for a poem based on a quote from 8 to 12 lines, TOPIC: "I would define...the Poetry of words as the Rhythmical Creation of Beauty." - Edgar Allan Poe.

В НОЩТА НА ПЕРСЕИДИТЕ

„Бих определил... поезията на думите като ритмично създаване на красота." – Едгар Алън По

Сенки притичват от мрака.
Блясват мистични светулки.

Аз съм на земна тераса
и към небето се взирам.
Ти - на тераса в небето
и към Земята поглеждаш.

Цвете през твоите длани
метеоритно се спуска.
Листи, потръпнали в здрача,
тайни зелени нашепват.

Думи сакрални приижда͏т
и възвисяват душите.

ЧЕРВЕНО ПЕРО, Поетично обединение POEMarium, конкурс № 52 за стихотворение по цитат от 8 до 12 реда, ТЕМА: „Бих определил... поезията на думите като ритмично създаване на красота.“ – Едгар Алън По.

¤¤¤¤¤¤¤¤¤¤¤¤¤¤¤¤¤¤¤¤¤¤¤¤¤¤¤¤¤¤¤¤¤

WHISPER AMONG WILD FLOWERS

The forest in silent.
A deer and a roe deer on the meadow -
she is shy and gentle, he is majestic.

A hill with green pines
and blue forget-me-nots.
A lake gilded by the sun.
Enchanting poppies blaze from the sunset.

The evening whispers:
"Enchant me, enchant me, poppies!"
Don't forget me, forget-me-nots! ”

Your footsteps resound in my heart.
The steps in summer magic.

You live behind nine mountains in the tenth,
in nine dreams, in the tenth,
through nine distant planets on the tenth ...
Thank you, Lord, that he lives somewhere.

Appreciation AWARD, POETRY PLANET, Philippines, Motion Poetry Challenge, word 127Words, motif: WILD FLOWER, from 15 to 30 lines; BLUE QUILL, POEMarium, competition No. 125, poem from 8 to 16 lines, THEME: SUMMER - SHIMMER.

ШЕПОТ СРЕД ДИВИ ЦВЕТЯ

Гората мълчи в тишина.
Елен и сърна изпълват поляната –
тя е плаха и нежна, той е величествен.

Въздух, обагрен с копнежи.
Езеро, позлатено от слънцето.
Хълм със зелени борове и сини незабравки.

От залеза пламват омайни омайничета.

Вечерта шепти:
„Омай ме, омай ме, омайниче!
Не ме забравяйте, незабравки!”

Стъпките ти кънтят в сърцето ми.
Стъпките в лятната магия.

Ти живееш през девет планини в десета,
през девет съновидения в десето,
през девет далечни планети на десета...
Благодаря ти, Господи, че някъде живее!

НАГРАДА, POETRY PLANET, Филипини, предизвикателство за поезия, конкурс 127, тема: „ДИВО ЦВЕТЕ”, от 15 до 30 реда;
СИНЬО ПЕРО, POEMArium, конкурс № 125, стихотворение от 8 до 16 реда, ТЕМА: „ЛЕТЕН БЛЯСЪК”.

¤¤¤¤¤¤¤¤¤¤¤¤¤¤¤¤¤¤¤¤¤¤¤¤¤¤

TO THE LOVED ONES ON THE OTHER SIDE

I returned to the lands where we lived with you.
Blooming oleanders dance along the road -
But ... they don't ask about you. I'm asking.

The island opposite is basking in the sun,
happy birds with wings raise the brilliant sky.
But ... they don't ask about you. I'm asking.

People pass quickly, go far, return.
The moon leaves silently, the cool evening comes ...
The words begin to flow in unexpected verses,
as song of lonely bird, screams of sapient owl .
My soul is seeking you beyond the distant worlds.
Nobody asks. Nobody. I'm asking, asking, asking...

Certificate, Literary Group "खरणनर गान - The Brook Song", over 4 thousand participants in the poetry competition on the theme:Time travel;
RED QUILL, POEMarium POETIC GROUP, 9000 members, competition № 36 for a poem from 8 to 12 lines, theme: "Poetry is the unexpected utterance of the soul."—Mark Nepo.

НА БЛИЗКИТЕ ОТВЪД

Завърнах се в земите, в които с теб живяхме.
Разцъфнали лиандри танцуват покрай пътя –
Но... те за теб не питат. Аз за тебе питам.

Островът отсреща на слънце се припича,
птиците щастливи с криле небето вдигат...
Но... те за теб не питат. Аз за тебе питам.

Хората минават, минават, отминават.
Луната си отива, приижда хладна вечер...
Думите неволно в стихове се леят,

тъй както птича песен и плач на улулица.
Душата ми те търси, оттатък световете.
За теб не пита никой. Аз питам, питам, питам...

Сертификат, Литературна група „ ঝর্ণার গান - The Brook Song", над 4 хил. участници в поетичния конкурс на тема „Пътуване във времето"; ЧЕРВЕНО ПЕРО, POEMarium ПОЕТИЧНО ОБЕДИНЕНИЕ, 9 000 поети, конкурс № 36 за стихотворение от 8 до 12 реда по цитат: "Поезията е неочакван изказ на душата." — Марк Непо.

¤¤¤¤¤¤¤¤¤¤¤¤¤¤¤¤¤¤¤¤¤¤¤¤¤¤¤¤

LULLABY OF HEART'S

Calm down, my anxious heart!
I will sleep, I will dream.
I'll return to those sacred lands
where nectarines and peaches ripen
and fragrant roses bloom.
I will see the faces of my closest people.
We'll be happy as in a magic sleep.
I hear the cry of a frightened owl.
It is a disturbing night outside.

Calm down, my only heart!
I will sleep, but you don't!

*ANTHOLOGY OF BULGARIA, 2023, Cooch Behar, India, ISBN-13 : 979-8393623241, Independently published, редактор Sourav Sarkar;
Winner of the second competition of the SURYODAYA LITERARY FOUNDATION, 5300 poets from different countries, theme: The Lullaby Of Heart's, 2023.*

ПРИСПИВНА ПЕСЕН НА СЪРЦЕТО

Успокой се, тревожно сърце!
Аз ще спя, ще сънувам.
Ще се върна в онези сакрални земи,
там където нектари и праскови зреят
и уханната роза цъфти.
Пак ще видя лицата на близките хора.
Ще се радваме както насън.
Чувам вика на изплашена сова.
Нощта е тревожна навън.

Успокой се, сърце!
Аз ще спя, ала ти не заспивай!

ANTHOLOGY OF BULGARIA / „АНТОЛОГИЯ НА БЪЛГАРИЯ", 2023, Cooch Behar, Индия, ISBN-13 : 979-8393623241, издател : Independently published, редактор Sourav Sarkar;
Победител от втори конкурс на SURYODAYA LITERARY FOUNDATION, 5300 членове , тема: „Приспивна песен на сърцето", 2023.

¤¤¤¤¤¤¤¤¤¤¤¤¤¤¤¤¤¤¤¤¤¤¤¤¤¤¤

SONNET ON LOVE

My sigh -
with love for Earth and nature!
Heart beats fast -
the beloved wants to see.
I write verses -
with dreams for infinity?
God willed that I be created
in His heavenly plane.

Silver alder on the bank of the river.
A nightingale sings a magical song
through the branches.
The sun flickers over the dewy path -
we are two in flight,
sculpting stellar verses.

RED QUILL, POEMarium, 9 000 poets from different countries, contest No 127 for a poem from 8 to 16 lines, Theme: Why Do You Write?.

СОНЕТ ЗА ЛЮБОВТА

Моя въздишка -
с любов към Земя и природа!
Бърза сърцето –
любимия иска да види.
Стихове пиша -
с мечти към безкрая?
В Своя замисъл
Бог пожела сътворена да бъда.

Елша сребриста на бряг на реката.
Славей запява през клони
магическа песен.

Слънце трепти над пътеката росна -
в полет сме двама,
извайвайки стихове звездни.

ЧЕРВЕНО ПЕРО от Поетично обединение POEMarium, 9 000 поети от различни страни, конкурс № 127 за стихотворение от 8 до 16 реда, ТЕМА: „Защо пишеш?”.

¤¤¤¤¤¤¤¤¤¤¤¤¤¤¤¤¤¤¤¤¤¤¤¤¤

THOUGHTS AFTER READING A BOOK

How many desperate people, Lord,
how many are around me!
You showed us that life is an upswing,
God's and human's ascension,
You pointed us the earthly Path
and resurrection.

We are given the Holy Spirit,
but we seek God in matter.
We tremble for the perishable,
we pray for it, it obsesses us.

We forget that You live in us too, Lord,
that we are thinking particles of You.
And our spirit will not disappear,
given to us at Creation.

GRAND PREMIO International Poetry Prize, Ossi di Seppia, Italy, 2023, (for a poem);
Anthology of the best foreign poets, Italy, 2023;
Certificate of achievement in the field of literary creativity from the contest named after Wald Whitman from the International Literary Association Creative Tribune, 2024;
GOLD QUILL, POEMarium, 9 000 poets from different countries, competition Poetic Parley -118 for a poem based on a quote, from 8 to 16 lines, THEME: CHRIST.

РАЗМИСЛИ СЛЕД ПРОЧИТ НА КНИГА

Колко много отчаяни хора, Господи,
колко много са покрай мене!
Ти ни показа, че животът е
изкачване и възнесение,

посочи ни земен Път и възкръсване.

Даден ни е Святий дух,
а ние търсим Бог в материя.
Треперим за тленното,
за него се молим, то ни обсебва.

Забравяме, че Ти живееш и в нас, Господи,
че ние сме мислещи частици от Тебе.
И няма да погине духът ни,
даден ни при Сътворението.

GRAND PREMIO International Poetry Prize / ГОЛЯМА НАГРАДА международен поетичен приз "Ossi di Seppia", Италия, 2023 (за стихотворение);
„Антология на най-добрите чуждестранни поети", Италия, 2023;
Сертификат за постижения областта на литературното творчество от конкурса на името на Уолт Уитман от International Literary Association "Creative Tribune", 2024;
ЗЛАТНО ПЕРО, Поетично обединение POEMarium, 9 000 поети от различни страни, конкурс № 118 за стихотворение от 8 до 16 реда, ТЕМА: „ХРИСТОС".

¤¤¤¤¤¤¤¤¤¤¤¤¤¤¤¤¤¤¤¤¤¤¤¤¤¤

DIVINE MESSAGES

"Always be a poet, even in prose." — Charles Baudelaire

God speaks to the birds with chirping.
To the mountain - with the wind moans.
He howls at the wolf in its soul.
He tells to the calf with moo.

For physics it arranges atoms.
For the astronomer - stars and universes.
He writes short stories for you, my friend.
He whispers to me verses.

GOD ANTHOLOGY 2, Cooch Behar city, India, 2023, editor SOURAV SARKAR, ISBN-13 : 9798858247029;
In a God-inspired poetry project Poems on a candle, Romania, 2023;
GOLD QUILL, POEMarium POETIC GROUP, 9000 members, competition № 35 for a poem from 8 to 12 lines, theme: "Always be a poet, even in prose." — Charles Baudelaire.

БОЖЕСТВЕНИ ПОСЛАНИЯ

"Винаги бъди поет, дори и в проза!"- Шарл Бодлер

Бог говори на птиците с чуруликане.
На планината – с вятъра стене.
На вълка вие в душата му.
На теленцето разказва с мучене.

За физика подрежда атоми.
За астронома – звезди и вселени.
Разкази пише на тебе, приятелю.
На мене нашепва стихотворения.

„АНТОЛОГИЯ ЗА БОГ 2"/ GOD ANTHOLOGY 2, Cooch Behar city, Индия, 2023, редактор SOURAV SARKAR, ISBN-13 : 9798858247029;

В проект за боговдъхновена поезия „Стихове на свещ", Румъния, 2023; ЗЛАТНО ПЕРО, POEMarium ПОЕТИЧНО ОБЕДИНЕНИЕ, 9 000 поети, конкурс № 35 за стихотворение от 8 до 12 реда по цитат: "Винаги бъди поет, дори и в проза!"- Шарл Бодлер.

¤¤¤¤¤¤¤¤¤¤¤¤¤¤¤¤¤¤¤¤¤¤¤¤¤

SOLILOQUY OF PEN

Midnight lightning flashed
and the thunders talked.
I saw the glowing electric quill
to write insights on the heavenly screen.

Their pen telepathically whispered to us:
“I am a symbol of words and alphabets.
In the beginning I was a chisel,
which carves hieroglyphs on stones.
Then I wrote the letters in ink,
I left traces of blood in battles and tortures,
now I print the words with light.
I keep memories and artifacts,
the knowledge of the planet and the stars,
for the meandering road of all mankind.”

International anthology Me and My Magic Wand, Notion Press (11 March 2024), ISBN-13 : 979-8893223590, editor and compiler - Dr. Sonia Gupta, India, foreword - Stoianka Boianova;
GOLD QUILL, POEMarium POETIC GROUP, 9000 members, competition № 84 for a poem from 8 to 16 lines, theme: SOLILOQUY OF PEN.

МОНОЛОГ НА ПЕРОТО

Среднощ светкавица проблесна
и гръмотевиците разговаряха.
Видях писецът светещ да изписва
прозрения върху екрана на небето.

Писалката телепатично ни нашепна:
„На словото съм символ и на азбуки.
Длето бях по произход,
издълбавах йероглифи върху камък.
Изписвах буквите с мастило,

оставях белези от кръв подир сражения,
сега принтирам думите със светлина.
Аз пазя спомени и артефакти
за звездите и планетите,
за лъкатушещия път на нашето човечество ."

Международна антология Me and My Magic Wand / „Аз и моят магически жезъл", Notion Press (11 March 2024), ISBN-13 : 979-8893223590, редактор и съставител - д-р Соня Гупта, Индия, предговор – Стоянка Боянова;
ЗЛАТНО ПЕРО, POEMarium ПОЕТИЧНО ОБЕДИНЕНИЕ, 9 000 поети, конкурс № 85, стихотворение от 8 до 16 реда, тема: „МОНОЛОГ НА ПЕРОТО".

¤¤¤¤¤¤¤¤¤¤¤¤¤¤¤¤¤¤¤¤¤¤

DROPS IN THE GARDEN

Dewdrops on the roses -
amid tinges -
blooming branches
bird flight, curious eyes.
Drops evaporate
and scatter in the air
photos from the morning city.

Anthology World Common Literature, by SOURAV SARKAR, December 18, 2021, Cooch Behar, India;
PLATINUM STAR AWARD, LITERATURE LOVERS' ASSOCIATION Contest_79, motif: TINGE, up to 24 words;
In ATUNIS GALAXY ANTHOLOGY, anthology of contemporary world poetry, 2021.

КАПКИ В ГРАДИНАТА

Росни капки по розите -
на фона на отблясъци -
цъфтящи клони,
полет на птици,
любопитни погледи.

Капките се изпаряват
и във въздуха се носят снимки
на утринния град.

Антология „World Common Literature ", SOURAV SARKAR, 18 декември 2021 г., Cooch Behar, Индия;
ПЛАТИНЕНА ЗВЕЗДА, LITERATURE LOVERS' ASSOCIATION, конкурс № 79, тема: „Отблясъци" до 24 думи;
В антология на съвременната световна поезия, „ATUNIS GALAXY ANTHOLOGY", 2021.

¤¤¤¤¤¤¤¤¤¤¤¤¤¤¤¤¤¤¤¤¤¤¤¤¤¤¤¤

VISION

Wind stirs the curtain of time.
On the stage - a slender girl
with a magical lyre,
I am reciting a poem.
Among colonnades - divine sounds sound,
roses, oleanders, ancient fig trees.

To the tops - olive branches,
twitching in the evening breeze.
Camels climb down. The mountain hills.
Setting sun - on their backs trembles.

Wind blows the hairs over the tunics,
words, consonances seek messages.
A sunset ray pierces me invisibly.

Avatars silently close the curtain.

RED QUILL, POEMarium, 9 000 poets from different countries, competition No 130 for a poem, from 8 to 16 lines, Theme: Lyre and Lyric.

ВИДЕНИЕ

Вятър раздвижва завеса на времето.
Стройна девойка с лира на сцената,
аз рецитирам стихотворение.
Сред колонади - божествени звуци,
рози, лиандри, вековни смоковници.

Към върховете – маслинови вейки
тръпнат с вечерния полъх.
Слизат камили. Планинските ридове.
Залезно слънце - върху гърба им.

Вятър развява косите над туники,
думи, съзвучия търсят послания.
Залезен лъч ме пронизва невидимо.

И аватари спускат завесата.

ЧЕРВЕНО ПЕРО, Поетично обединение POEMarium, 9 000 поети от различни страни, конкурс № 130 за стихотворение от 8 до 16 реда, тема: „Лира и лирика“.

¤¤¤¤¤¤¤¤¤¤¤¤¤¤¤¤¤¤¤¤¤¤¤¤¤¤¤

THROUGH DISTANT AGES

"I don't go in search of poetry. But I wait for poetry to visit me" - Eugenio Montale

A cat with wise eyes –
like a sphinx among the columns,
in sunny colors antique mosaics shines.
A breeze through blossoming branches
brings verses from eternity within us.

Ancient languages echo across the cobblestones.
Selfies in love, footsteps, past caresses.
You and I are embraced in a dream,
gushed words in the star rhythm pulsate.
The white cat caresses our feet.

The tour guide invites us to the buses.
How do we leave when we feel are home?

BLUE QUILL, POEMarium, 9,000 members, quote contest #61 for a poem from 8 to 12 lines,, topic: "I don't go in search of poetry. But I wait for poetry to visit me" - Eugenio Montale.

ПРЕЗ ДАЛЕЧНИ ЕПОХИ

„Не търся поезия. А чакам поезията да ме посети" – Еухенио Монтале

Котка с премъдри очи -
сякаш е сфинкс сред колоните,
в слънчеви краски антични мозайки изгряват.
Бриз през разцъфнали клонки
стихове от вечността в нас довява.

Древни езици отекват по калдъръма.
Влюбени селфита, стъпки, отминали ласки.
В съновидение с теб сме прегърнати,
бликнали думи в звездния ритъм пулсират.
Бялата котка се гали в нозете ни.

Екскурзоводът подканва ни към автобусите.
Как да си тръгнем, щом у дома сме се върнали?

СИНЬО ПЕРО, Поетично обединение POEMarium, 9 000 членове, конкурс по цитат № 61 за стихотворение от 8 до 12 реда,, тема: „Не търся поезия. А чакам поезията да ме посети" – Еухенио Монтале.

¤¤¤¤¤¤¤¤¤¤¤¤¤¤¤¤¤¤¤¤¤¤¤¤¤¤

ALONG THE COASTS OF THE AEGEAN SEA

We walk along a street past silent houses.
You say the people here are good.
A woman reads a book among the flowers in the garden.

She hears you and answers:
"They are good because you are benevolent!"

"You have gained knowledge and experience," you reply.
"I want to turn knowledge into wisdom," she says.

Above her head the figs are ripe.
A huge fruit is overripe
and burst with sweetness.
It hangs over the street
and getting ready to drip.

Certificate of Sublime Participation in the 98th Virtual Event, WEB Poetry Group, Theme: Tranquility or Charm, Brazil, 2024;
Certificates, Literary Group "खरणनर गान - The Brook Song", over 4 thousand participants - poetry contest on the theme: The Light of Knowledge.

ПО БРЕГОВЕТЕ НА ЕГЕЙСКО МОРЕ

Вървим по улица край смълчани къщи.
Ти казваш, че хората тук са добри.
Жена чете книга сред цветята в градината.

Тя те чува и ни отговаря:
„Добри са, защото ти си добронамерен!"

„Натрупали сте знания и опит" – отвръщаш.
„Искам да превърна знанието в мъдрост" – тя казва.

Над главата й смокините са узрели.
Огромен плод е презрял
и от сладост се е разпукнал.
Той виси над улицата
и се готви да капне.

Сертификат за възвишено участие в 98-то виртуално събитие, Група за WEB поезия, тема: „Спокойствие или чар", Бразилия, 2024;
Сертификат, Литературна група „ ঝর্ণার গান - The Brook Song" / „Песента на ручея", над 4 000 участници - поетичен конкурс на тема: „Светлината на знанието".

¤¤¤¤¤¤¤¤¤¤¤¤¤¤¤¤¤¤¤¤¤¤¤

IN THE ANCIENT LANDS

Olive groves grow on the peaks
in straight rows.
Their leaves are gray, their fruits - gray,
it is still too early to ripen.

Men drinking coffee in the cafe -
sip and philosophize.
They understand different points of view,
take criticism, maintain faith, hope and love,
seek and make sense the truths in the world
and accumulate wisdom.

Calm camel under a tree has its own vision -
meekly survives its meal
and isn't interested of disputes.

Wise men passed through here
from time immemorial.

GHORSOWAR E magazine, 4th issue, India, 2023;
Blue Quill, Poetic Association POEMarium, 9,000 poets from different countries, competition No. 111 for a poem of 8 to 16 lines, up to 10 words per line, theme: WISDOM.

В АНТИЧНИТЕ ЗЕМИ

Маслинови гори растат по върховете
в стройни редици.
Листата им сиви, плодовете им сиви,
още е рано за зреене.

Мъже пият кафе в кафенето -
отпиват и философстват.
Разбират различните гледни точки,

приемат критика,
поддържат вярата, надеждата и любовта,
търсят и осмислят истините на света
и трупат мъдрост.

Камила под дървото има свое виждане -
преживя храната си кротко
и нехае за спора.

От далечни времена
оттук са преминавали мъдреци.

Списание „GHORSOWAR", 4-ти брой, Индия, 2023;
Синьо перо, Поетично обединение POEMarium, 9 000 поети от различни страни, конкурс № 111 за стихотворение от 8 до 16 реда, до 10 думи на ред, тема: "МЪДРОСТ".

¤¤¤¤¤¤¤¤¤¤¤¤¤¤¤¤¤¤¤¤¤¤¤¤¤

HOLY EVE

A long-awaited holy evening!
Angelic voices come from earth and heaven.
Bells, candles, souls in hope. I pray for peace
and happiness for earthly and heavenly beings.
God's presence fills everything.
Thank you, God for our gift - love and salvation.

Special edition, GHORSOWAR web magazine, West Bengal, India, dedicated to Christmas 2023.

СВЯТА НОЩ

Дългоочаквана свята вечер!
Ангелски гласове идват от земята и небето.
Камбани, свещи, души в надежда. Моля се за мир
и щастие за земните и небесните същества.
Божието присъствие изпълва всичко.
Благодарим ти, Боже за нашия дар - любов и спасение.

Специално издание, GHORSOWAR web magazine, Западен Бенгал, Индия, посветено на Рождество Христово 2023 година.

¤¤¤¤¤¤¤¤¤¤¤¤¤¤¤¤¤¤¤¤¤¤¤¤¤¤

HOLIDAY PRAYER

Bells ringing, lit candles,
angelic voices from earth and heaven.
Holiday joy in the heart of the house -
snow in the garden.

On Christmas night I pray
for peace and happiness,
for earthly and heavenly beings.

I give thanks for God's presence,
filled us with grace and harmony.
What a wonderful gift -
our mutual love and salvation!

The SECOND PRIZE for poetry in Russian and English from the International New Year's Blitz Competition, ILA CREATIVE TRIBUNE and Memorial V. M. Terekhova - 2023.

ПРАЗНИЧЕН МОЛЕБЕН

Звън на камбани, запалени свещи,
ангелски гласове от земя и небе.
Празнична радост в сърцето на къщата,
в градината - сняг.

В нощта на Рождество се моля
за мир и щастие
на всички живи и небесни същества.

Благодаря за Божията благодат,
хармония ни преизпълва.
Взаимната ни обич и спасение
подарък е за всички нас!

ВТОРА НАГРАДА за поезия на руски и английски от Международен новогодишен блиц конкурс, ILA "CREATIVE TRIBUNE" / Международна литературна асоциация „ТВОРЧЕСКА ТРИБУНА".

ПРАЗДНИЧНАЯ МОЛИТВА

Звонят колокола, горят свечи,
ангельские голоса с земли и небес.
Праздничная радость в сердце дома –
в саду - снег.

В рождественскую ночь я молюсь
для мира и счастья,
для земных и небесных существ.

Спасибо за присутствие Бога,
наполнил нас грацией и гармонией.
Какой чудесный подарок -
наша взаимная любовь и спасение!

Вторые награды за поэзию на русском и английском языках на конкурсе Internationalen Newdishan Blitz, ILA "CREATIVE TRIBUNE" / Международная литературная асоциация „ТВОРЧЕСКА ТРИБУНА".

¤¤¤¤¤¤¤¤¤¤¤¤¤¤¤¤¤¤¤¤¤¤¤¤¤¤¤¤¤

WAITING FOR CHRISTMAS

The snow is falling with crystal daisies.
The earth is covered with white calla lilies.
Frosted hedgehogs flash through your hair,
they asking me to stroke them with my eyes.

Snowflakes are dropping star-shaped.
The heaven descends to the ground.
Crocuses are steaming on your fingers.
Snowdrops are ringing near houses.

Christmas is coming behind the snow curtain.
Winter brings us heavenly joys.
Bells are ringing, voices of angels
are filling heaven and holy earth.

CHRISTMAS ANTHOLOGY, edited by Sourav Sarkar – November 14, 2023, India;
RED QUILL, POEMarium POETIC GROUP, 9000 members, competition № 96 for a poem from 8 to 16 lines, theme: Waiting for Spring.

В ОЧАКВАНЕ НА КОЛЕДА

Снегът вали с кристални маргарити.
Земята се покрива с бели калии.
Проблясват скрежни таралежи из косите ти,
поискали с очи да ги погаля.

Валят снежинки с форма на звезди.
Небето над Земята слиза.
По пръстите ти парят минзухари .
Кокичета край къщите звънтят.

Зад снежната завеса идва пролет.
Потегля зимата към друго полушарие.

Възраждат се природата и любовта,
пробудени от промислите Божии.

CHRISTMAS ANTHOLOGY / „Коледна антология”: редактор Sourav Sarkar , 2023 г., Индия;
ЧЕРВЕНО ПЕРО, POEMarium ПОЕТИЧНО ОБЕДИНЕНИЕ, 9 000 поети, конкурс № 96 за стихотворение от 8 до 16 реда, тема: "В ОЧАКВАНЕ НА ПРОЛЕТ".

¤¤¤¤¤¤¤¤¤¤¤¤¤¤¤¤¤¤¤¤¤¤¤¤¤¤

ROADS

"Poets being poor, must use words with economy." - William Griffith

My heart captures the vibrations of the world,
when I draw contours and write haiku,
then I want to put the universe in 17 syllables
and even less.

Do I share my feelings
or the rebellion of my soul - I record verses.
Whether I retell my life or the lives of others -
I create short stories and novels.

I approach the advice with understanding.
They are true for the one who received them
in his condition, in his moment.
My path - is exactly mine and surely true.

The crab crawls, the rabbit runs away,
the bird flies up,
the mole in the earth moves.

All roads are correct and
and by God - predetermined.

Certificate of Sublime Participation in the 99th Virtual Event, WEB Poetry Group, Theme: Tradition or Creativity, Brazil, 2024;
The Gold spike award from the VIII INTERNATIONAL POETRY EVENT "LIBERAL ARTS", POETAS INTERGALÁCTICOS, Ecuador;
RED QUILL, POEMarium QUOTE-POEM: 13 for a poem neither less than 8 lines nor more than 12 lines, Motif : "Poets being poor, must use words with economy."- William Griffith.

ПЪТИЩА

„Поетите, живеейки в лишения, трябва да използват думите пестеливо." - Уилям Грифит

Сърцето ми улавя вибрациите на света,
когато рисувам контури и пиша хайку,
искам да побера вселената в 17 срички
и дори по-малко.

Споделям ли чувствата си
или бунта на душата си - пиша стихове.
Разказвам ли нечий живот на другите -
създавам разкази или романи.

Към съветите подхождам с разбиране.
Верни са за онзи, който ги е получил
в своето състояние, в съответен момент.
Моят път – точно мой е и сигурно е верен.

Рачето пълзи, заекът побегна,
птицата нагоре полетя,
къртицата в земята се зарови.

Всички пътища са правилни
и от Бог - предопределени.

Сертификат за възвишено участие в 99-то виртуално събитие, Група за WEB поезия, тема: „Традиция или творчество", Бразилия, 2024; Награда „Златен клас" от VII-мо МЕЖДУНАРОДНО ПОЕТИЧЕСКО СЪБИТИЕ „СВОБОДНИ ИЗКУСТВА", POETAS INTERGALÁCTICOS, Еквадор; ЧЕРВЕНО ПЕРО, POEMarium, стихотворение по цитат № 13, от 8 до 12 реда, тема: „Поетите, живеейки в лишения,трябва да използват думите пестеливо." - Уилям Грифит.

¤¤¤¤¤¤¤¤¤¤¤¤¤¤¤¤¤¤¤¤¤¤¤¤¤¤¤¤¤¤

POETIC INSPIRATION

What makes the writers write,
the birds to sing, the wind to swirl,
the flower to bloom, the snake to hide?
What makes time take everything away?

Isn't that the spirit of the creatures?
Isn't that their purpose?

If the inspiration strikes them,
the poets illuminate themselves
with a song of the bird, the wind,
with the motley of the flower and the snake,
with the time and the world.
Do they reach to the insight?

The longing for the vast
exalts us,
with thoughts and feelings
sprouted on paper.

Poet of freedom from the VII International Literary Event, August 2024, POETAS INTERGALÁCTICOS, Ecuador, 2024;
RED QUILL, Poetry Association POEMarium, 9,000 poets from different countries, competition No 122 for a poem of 8 to 16 lines, theme: POETIC INSPIRATION.

ПОЕТИЧНО ВДЪХНОВЕНИЕ

Какво кара писателите да пишат,
птиците да пеят, вятърът да се вихри,
цветето да цъфти, змията да се крие?
Какво кара времето да отнася всичко?

Не е ли онзи дух на съществата?

Не е ли тяхното предназначение?

Осени ли ги вдъхновение,
поетите озаряват себе си
с песента на птицата, вятъра,
с пъстротата на цветето и змията,
времето и света.
Достигат ли прозрение?

Копнежът по необятното
ни възвеличава,
с покълнали по листа
мисли и чувства.

„Поет на свободата", VII Международно литературно събитие, август 2024, POETAS INTERGALÁCTICOS, Еквадор, 2024;
ЧЕРВЕНО ПЕРО, Поетично обединение POEMarium, 9 000 поети от различни страни, конкурс № 122 за стихотворение от 8 до 16 реда, тема: „ПОЕТИЧЕСКО ВДЪХНОВЕНИЕ“.

¤¤¤¤¤¤¤¤¤¤¤¤¤¤¤¤¤¤¤¤¤¤¤¤¤¤

REBIRTH

"Poetry is eternal graffiti written in the heart of everyone." - Lawerance Ferlinghetti

My life is passes like the cry of birds -
we don't know how much we have left.
I'll have another life, another fate,
somewhere in blue heaven.

Poetry printed by laser
presents in chronicles and anthologies -
the path of love is marked
from cosmic melody.

I'm not afraid of tender grass,
which mortal remains covers.
I'm not going to stay forever there.
Into another life I'll rush again.

RED QUILL, POEMarium, quote contest No 57 for a poem, from 8 to 12 lines, Theme: „Poetry is eternal graffiti written in the heart of everyone." - Lawerance Ferlinghetti.

ПРЕРАЖДАНЕ

„Поезията е безсмъртни графити, изписани в сърцето на всеки". - Лорънс Ферлингети.

Животът отминава като вик на птица.
Не знаем колко ни остава?
Ще имам друг живот, съдба различна
в небесната държава.

Поезия, принтирана от лазер,
присъства в хроники и антологии -

пътеката от обич е белязана
и от космически мелодии.

Не ме заплашва крехката трева,
която тленността покрива.
Аз няма да остана там
и в друг живот ще съм щастлива.

ЧЕРВЕНО ПЕРО, Поетично обединение POEMarium, конкурс № 57 за стихотворение по цитат от 8 до 12 реда, тема: „Поезията е безсмъртни графити, изписани в сърцето на всеки“. - Лорънс Ферлингети.

¤¤¤¤¤¤¤¤¤¤¤¤¤¤¤¤¤¤¤¤¤¤¤¤¤¤

TIME OF LIFE

"Poetry is just the evidence of life" - Leonard Cohen

Nothing lives long enough
life time is limited:
the flowers will wither,
the leaves of the trees will drop,
we are going to leave the beautiful land.
In space our love will remain,
will look for someone to take refuge with,
who to hug.

A few verses will remain of us -
by chance someone will read them
as information that we were here
and in other worlds we have traveled.

Award BEST AUTHOR EUROPEAN COMMUNITY - SECTOR B (for a cycle of poems) from the International Poetry Competition, Ossi Di Seppia, 2024, Italy;
In the magazine OUR POETRY ARCHIVE, July 2024 V-10 N-4 Issue No. 112, India, Chief Editor NilavroNill Shoovro;
RED QUILLS, from TWO contests - POEMarium, 9 000 members, quote contest #55 for a poem from 8 to 12 lines, topic: "Poetry is just the evidence of life" - Leonard Cohen.

ВРЕМЕ НА ЖИВОТ

„Поезията е просто истина за живота" - Леонард Коен

Нищо не живее достатъчно дълго,
времето на живот е ограничено:
цветето ще прецъфти,
листата на дърветата ще окапят,
ние ще си отидем от земята прекрасна.
В пространството ще остане обичта ни,
ще търси при кого да се подслони,
кого да прегърне.

Ще останат и няколко стиха -
случайно някой ще ги прочете
като информация, че тук сме били
и към други светове сме пътували.

Награда „НАЙ-ДОБЪР АВТОР НА ЕВРОПЕЙСКАТА ОБЩНОСТ – СЕКТОР Б" (за цикъл стихове) от Международния поетичен конкурс "Ossi Di Seppia" 2024, Италия;
В списание "OUR POETRY ARCHIVE", July 2024 V-10 N-4 Issue No. 112, Индия, главен редактор NilavroNill Shoovro;
ЧЕРВЕНО ПЕРО, Поетично обединение POEMarium, 9 000 членове, конкурс по цитат № 55 за стихотворение от 8 до 12 реда,, тема: „Поезията е просто истина за живота" - Леонард Коен.

¤¤¤¤¤¤¤¤¤¤¤¤¤¤¤¤¤¤¤¤¤¤¤¤¤¤¤¤

FIREFLIES IN THE NIGHT / СВЕТУЛКИ В НОЩТА

¤¤¤¤¤¤¤¤¤¤¤¤¤¤¤¤¤¤¤¤¤¤¤¤¤¤

I TRAVEL WITH PASSION

I travel through the world in the evening before the holiday.
The villages shine in the darkness with uncounted lights.
I think - the village is my precious constellation,
In which my closest people are waiting for me.

Behind me - the city is, you remain there,
The most expensive man, the most sparkling galaxy.
Up, in the sky are the stellar settlements.
Other close people are waiting for me there.

Scattered in the grasses twinkle fireflies glowing.
They're in constellations - someone is waiting for me there.
And lights in the river, and lights in the forest.
I travel with passion - at home, I'm everywhere.

INTERNATIONAL ANTHOLOGY VIVID COLORS OF PASSION, Editor and Compiler - Dr. Sonia Gupta, May 2024, India, foreword - Stoianka Boianova; RED FEATHER, POEMarium POETRY ASSOCIATION, 9,000 Poets, Competition #40 for a poem of 8 to 12 lines, by quote: "Poetry is a kind of homecoming" - Paul Celan.

ЕМОЦИОНАЛНО ПЪТУВАНЕ

„Поезията е нещо като завръщане у дома" - Paul Celan

Пътувам през света в предпразничната вечер.
Проблясват в мрака селища със светлини безброй.

И мисля си как моето съзвездие е селото,
в което ме очакват най-близките ми хора.

Зад мене е градът и ти си в озарение,
най-скъпият човек, в най-светлата галактика.

Там горе, на небето, селенията свише са
и мое родословие въздига се в отвъдното.

Разсипани в тревата, блестят светулки светещи.
И между тях е влакът ми в среднощните сияния.

И светлини в реката изгряват през дърветата,
с поезия когато пътувам към дома.

INTERNATIONAL ANTHOLOGY VIVID COLOURS OF PASSION / МЕЖДУНАРОДНА АНТОЛОГИЯ „ЯРКИТЕ ЦВЕТОВЕ НА СТРАСТТА“, редактор и съставител - д-р Соня Гупта, май 2024, Индия. Предговор - Стоянка Боянова;
ЧЕРВЕНО ПЕРО, POEMarium ПОЕТИЧНО ОБЕДИНЕНИЕ, 9 000 поети, конкурс № 40 за стихотворение от 8 до 12 реда, по цитат: „Поезията е нещо като завръщане у дома" - Paul Celan.

¤¤¤¤¤¤¤¤¤¤¤¤¤¤¤¤¤¤¤¤¤¤¤¤¤¤¤¤¤

MOTHER'S NONET*

I was a little girl running in
the Valley of the Roses through
rivers and mountain peaks.
Mom bequeathed to me
her love for God, stars,
spheres, beings,
the native
planet
Earth.

*RED QUILL, POEMarium, 9 000 poets from different countries, competition # 150 for a poem, Theme: "Nonet on Maternity".(*A NONET is a nine-line poem. In the NONET form, each line contains specific, descending syllable counts. The first line contains nine syllables, the second line contains eight, and the third line contains seven, and so on i.e. : 9-8-7-6-5-4-3-2-1)*

НОНЕТ ЗА МАЙКАТА*

Бях малко момиченце, което тича
през Долината на розите,
реки и планински върхове.
Мама ми завеща нейната
любов към Бог, звезди,
сфери, същества,
към родната
планета
Земя.

*ЧЕРВЕНО ПЕРО, Поетично обединение POEMarium, 9 000 поети от различни страни, конкурс № 150 за стихотворение: „НОНЕТ за майчинството“. (*НОНЕТ е стихотворение от девет стиха - всеки съдържа специфичен брой срички в низходящ порядък. Първият ред е от девет срички, вторият - осем, третият - седем и така нататък, т.е.: 9 -8-7-6-5-4-3-2-1) Изискванията за нонет са изпълнени на английски език.*

¤¤¤¤¤¤¤¤¤¤¤¤¤¤¤¤¤¤¤¤¤¤¤¤¤¤

ON THE FIELD

We arrived at the fields with grandma and mom.
We took off our hats
hung them on the willow,
put our coats on a branch,
left the bread and water in the shade.

We worked for a long time.
For a moment we looked at the horizon:
our hats floated with the clouds,
the forest was draped with our coats,
the bread had grown into the wheat field,
our water flowed from the sky
with large raindrops.

CANVAS OF THOUGHTS, monthly online international literary magazine, third issue, March 2024, India, editor DR. SONIA GUPTA. Topic: Poems about women;
Award the 10th INTERNATIONAL POETRY EVENT "LIBERAL ARTS" celebrate the international day of rural women, theme:Rural Woman.

СЕЛСКИ ЖЕНИ

Пристигнахме на нивата с баба и мама.
Свалихме шапките си
закачихме ги на върбата,
преметнахме на клон палтата си,
оставихме на сянка хляба и водата.

Дълго работихме.
За миг погледнахме към хоризонта:
шапките ни се носеха с облаците,
гората бе наметната с палтата ни,
хлябът избуя в житата,
водата ни се стичаше от небето

с едри дъждовни капки.

CANVAS OF THOUGHTS / „Платно от мисли", месечно онлайн международно литературно списание, трети брой, март 2024 г., Индия, редактор DR. SONIA GUPTA. Тема: „Стихове за жената";
Награди от X-то МЕЖДУНАРОДНО ПОЕТИЧЕСКО СЪБИТИЕ „СВОБОДНИ ИЗКУСТВА" по случай международния ден на селската жена, тема „Селска жена", 2023.

¤¤¤¤¤¤¤¤¤¤¤¤¤¤¤¤¤¤¤¤¤¤

MELODIES

In the summer I open the night doors -
clouds fly by with the breath of the mountain.
The darkness steps gradually. Crickets whistle.
In galaxies the stars enticingly shine.
The forest whispers with leaves into infinity.

I hear the birds breathing from the nests.
Behind the hill someone cries,
another starts singing.
Melodies from other worlds arrive
and songs of nightingale announce
the morning over my native land.
The colors of the dawn erupt.

RED QUILL, POEMarium, 9 000 poets from different countries, competition No 117 for a poem, from 8 to 16 lines, Theme: MELODY.

МЕЛОДИИ

През лятото разтварям нощните врати -
прелитат облаци с дъха на планината.
Пристъпва мрак. Щурци засвирват.
В галактики звездите възсияват.
Гората шепне с листи на безкрая.

Дочувам птиците да дишат от гнездата.
Зад хълма някой плаче, друг припява.
Мелодии от други светове прииждат
и песните на славеи предизвестяват
утрото над родната земя.
Избухват цветовете на зората.

ЧЕРВЕНО ПЕРО, Поетично обединение POEMarium, 9 000 поети от различни страни, конкурс № 117 за стихотворение от 8 до 16 реда, тема: „МЕЛОДИЯ“.

¤¤¤

AFTER THE TORRENT RAIN

The field disappears in the clouds.
The rushing drops echo.
The soil thirstily dissolves.
The leaves revive and ring.
The trees with their spreading manes
with laughter and the wind are swaying.
The rain is pouring down.
Powerful jets drum on streets and rooftops.
The sky lights up.
Lightnings strikes among the clouds take root.

The storm has passed.
We relax exhausted.
In the invisible branches of the universe,
the stars are blooming brightly.

BLUE QUILL, POEMarium, 9 000 member, contest No 115 for a poem of 8 to 16 lines, THEME: Gesture from nature.

СЛЕД ПОРОЯ

Полето в облаците чезне.
Ехтят забързаните капки.
Земята жадно се разтваря.
Изопват се, звънтят листата.
Дърветата, развели гриви,
от смях и вятър се премятат.
Дъждът се сипе.

Мощни струи барабанят по улици и къщи.
Небето блясва.
И светкавици сред облаците спускат корени.

Отмина бурята.
Отпускаме се уморени.
В невидимите клони на вселената
разцъфват бляскави звездите.

СИНЬО ПЕРО , Поетично обединение POEMarium, 9 000 членове, конкурс № 115 за стихотворение от 8 до 16 реда, ТЕМА: „Жест от природата".

¤¤¤¤¤¤¤¤¤¤¤¤¤¤¤¤¤¤¤¤¤¤¤¤¤¤¤

FLOWER IN THE GARDEN

Blooming flower, hello!
Don’t you know me?
I live here, near you,
you are blooming close to me.
We drink water
from the same stream.
Our air is one and the same:
I breathe out – you breathe in,
you breathe out – I breathe in.

But if something goes wrong –
Someone breaks your blossom,
smashes your stem,
I’ll be living after your death,
for only one last short breath.

Publish in A Humayuns Editorial Post, June, 2024 [Poetry Section], Bangladesh;
Published in The Fatehpur Resolution, April 2024, India, editor Shailesh Veer;
CERTIFICATE for literary achievements in the month of poetry from III EVENTO LITERARIO INTERNACIONAL DE POESÍA 2024, Poetas Intergalacticos, Ecuador.

ЦВЕТЕ В ГРАДИНАТА

Здравей, цветче!
Нима не ме познаваш?
Живеем с теб в една градина.
Водата пием
от един и същи извор.
И въздухът ни даже е обменен.
Издгшвам аз – ти вдишваш.
Издишваш ти – аз вдишвам.

Но ако те отровим
и цветът ти клюмне –
ще бъда жива след смъртта ти
само едно вдишване.

Публикувано в „A Humayuns Editorial Post”, юни -2024, секция поезия, Бангладеш;
Публикувано в “The Fatehpur Resolution”, април 2024, Индия, редактор Shailesh Veer;
Сертификат за литературни постижения в месеца на поезията от III EVENTO LITERARIO INTERNACIONAL DE POESÍA 2024, Poetas Intergalacticos, Еквадор.

¤¤¤¤¤¤¤¤¤¤¤¤¤¤¤¤¤¤¤¤¤¤¤¤¤¤

APOTHEOSIS OF BEAUTY

The hostility of this world
asked to challenge me -
whirlwinds of fire carried
violence and death and dark passions.

Beautiful flowers shone in me,
they glittered from everywhere -
wherever we were - they bloomed,
sprouting almost from nowhere -
alluring and fragrant,
on forest paths, over ridges,
in villages, cities and deserts.

Apotheosis of beauty and life,
blooms don't know capitals or provinces.
The Poetry of the Earth gushes
with divine flowers.

RED QUILL, POEMarium, 9 000 poets from different countries, contest No 114 for a poem of 8 to 16 lines, THEME: Poetic Province.

АПОТЕОЗ НА КРАСОТАТА

Враждебността на този свят
поиска да ме предизвика -
вихрушки огнени разнасяха
насилие и смърт, и тъмни страсти.

В мен светеха цветя красиви,
грейнали отвсякъде -
където и да сме били – цъфтяха,
поникнали почти от нищото –
примамливи и ароматни,

по горските пътеки, над билата,
в селата, градовете и пустините.

Апотеоз на красотата и живота,
цъфтежите не знаят столици или провинции.
Поезия върху Земята –
избликнала с божествени цветя.

ЧЕРВЕНО ПЕРО , Поетично обединение POEMarium, 9 000 поети от различни страни, конкурс № 114 за стихотворение от 8 до 16 реда, ТЕМА: „Поетична провинция”.

¤¤¤¤¤¤¤¤¤¤¤¤¤¤¤¤¤¤¤¤¤¤¤¤

FOR FAREWELL

Figs fall quietly,
thump into the quiet.
Birds are flying by.
Sweetness on my fingers sticks.
I turn a leaf,
I am guessing on it as if by palm.

My beloved home with dear people!
I have to go far away from here.

Mom puts a firefly in my handful
to shine my way.

International anthology GODDESS ON THE EARTH, India, 2023, editor Sonia Gupta. Reviewer- Stoianka Boianova.

НА СБОГУВАНЕ

Смокини падат тихо,
тупват в тишината.
Прелитат птици.
По пръстите ми сладост лепне.
Обръщам лист,
гадая като на длан по него.

Мой свиден дом с любими хора!
Аз трябва да замина надалеч.

Поставя мама в моята ръка
светулка
пътя ми да осветява.

Международна антология GODDESS ON THE EARTH / „БОГИНЯ НА ЗЕМЯТА", Индия, 2023, редактор Sonia Gupta. Рецензент - Стоянка Боянова.

¤¤¤¤¤¤¤¤¤¤¤¤¤¤¤¤¤¤¤¤¤¤¤¤¤¤¤¤

A GRAIN OF SAND

A word dropped between us
last night.
A small one
as a grain of sand.

But you poured out many words.
And I poured out many words.

In the morning,
when I woke up,
a desert had spread out
between us.

Song No. 20 from the album I Hear Music by composer, guitarist and singer Niki Tomov;
POET OF THE FORTNIGHT, January 2024, Poetic Association POEMarium, 9,000 members, competition No 143 for a poem of 8 to 16 lines, theme: WORDS, review by Kajari Guha.

ПЕСЪЧИНКА

Застана снощи
дума помежду ни –
една такава –
малка песъчинка.

Но после ти насипа още думи.
И после аз насипах още думи.

На утрото,
когато се събудих,
помежду нас
пустиня се разстилаше.

Песен № 20 от албума на композитора, певеца и китариста Ники Томов „Чувам музика", 2024, България;
ПОЕТ НА ПЪРВАТА ПОЛОВИНАТА, януари 2024, Поетично обединение POEMarium, 9 000 членове, конкурс № 143 за стихотворение от 8 до 16 реда, тема: „ДУМИ", рецензирано от Kajari Guha.

¤¤¤¤¤¤¤¤¤¤¤¤¤¤¤¤¤¤¤¤¤¤¤¤¤¤¤¤¤¤

LETTER / THE MEMORY OF A SORROWS CONFESSION

We became estranged.
Our eyes are filled with dead ships,
with broken dreams
with fragments of happiness.
In our souls is terribly quiet
as in the shells of dead snails.

We live like two stars
in the same heaven
at an honorable distance.
We can't be separate,
we are held by forces of attraction.
We can't get closer,
we are separated by forces of repulsion.

Song No. 17 from the album I Hear Music by composer, guitarist and singer Niki Tomov;
Anthology Way of living a life, by SOURAV SARKAR, October 30, 2021;
Dead end poetry Magazine, editor, founder and publisher Sourav Sarkar, January 6. 2021, CoochBehar, India;
RED QUILL, POEMarium, 9 000 members, competition # 140 for a poem, from 8 to 16 lines, Theme: Sorrows.

ПИСМО / СПОМЕН ЗА ЕДНА ТЪЖНА ИЗПОВЕД

Отчуждихме се.
Очите ни са пълни с мъртви кораби,
с мечти разбити,
с отломъци от щастие.
В душите ни е страшно тихо
като в черупките на мъртви охлюви.

Живеем като две звезди

в едно небе
на почетна дистанция.
Не можем да се разделим,
държат ни сили на привличане.
Не можем да се доближим,
делят ни сили на отблъскване.

Песен № 17 от албума „Чувам музика" на композитора, певеца и китариста Ники Томов;
Антология „Dead end poetry Magazine", от SOURAF SARKAR, 30 октомври 2021 г., Индия;
Списание „Dead end poetry Magazine", редактор, основател и издател Sourav Sarkar, 6 януари 2021 г., Cooch Behar, Индия;
ЧЕРВЕНО ПЕРО, Поетично обединение POEMarium, 9 000 членове, конкурс № 140 за стихотворение от 8 до 16 реда, тема: „Скърби / Тъги".

¤¤¤¤¤¤¤¤¤¤¤¤¤¤¤¤¤¤¤¤¤¤¤¤¤¤

THOUGHTS ON FREEDOM

We're talking about freedom, my beloved.
People fight and die for freedom.
The Moon spins freely along its orbit -
around the Earth.

The Moon is free, but together with the Earth
around the Sun they dance.
Countless suns, countless galaxies
follow the laws of the Universe.

We're talking about freedom, my beloved.
Our verse is freed,
but subordinate to the subject, to the rhythm,
to the feelings and reason.

The snowflake is free in its flight
on the way from the Sky to the Earth.

INTERNATIONAL POETS ANTHOLOGY BOOK, Publisher : Independently published (August 18, 2022), editor SOURAV SARKAR;
In Humayuns edition, Bangladesh, 2022, poetry section;
Red Quill, Poetic Association POEMarium, 9,000 poets from different countries, competition No. 110 for a poem of 8 to 16 lines, up to 10 words per line, theme: POETIC FREEDOM.

РАЗМИСЛИ ЗА СВОБОДАТА

За свобода говорим с теб, любими.
За свободата хората се борят и умират.
Свободно се върти Луната
по своя орбита - покрай Земята.

Свободна е, но със Земята заедно
около Слънцето танцуват.

Безброй слънца, безброй галактики
вселенските закони следват.

За свобода говорим с теб, любими!
Стихът ни е освободен,
но подчинен на темата, на ритъма,
на чувствата и разума.

Свободна е в летежа си снежинката
по пътя от небето до Земята.

INTERNATIONAL POETS / „МЕЖДУНАРОДНИ ПОЕТИ",
издател: Independently published (August 18, 2022), SOURAV SARKAR;
В издание „Hитауunѕ", секция поезия, Бангладеш, 2022;
Червено перо, Поетично обединение POEMarium, 9 000 поети от различни страни, конкурс № 110 за стихотворение от 8 до 16 реда, до 10 думи на ред, тема: "ПОЕТИЧЕСКА СВОБОДА".

¤¤¤¤¤¤¤¤¤¤¤¤¤¤¤¤¤¤¤¤¤¤¤¤¤¤

MOON-LABOURS

We are looking into the moonless sky
in seeking God and roads through the stars.

The Moon enters its dark image
in moment before the new moon coming.
Let's experience this moment of faith and anticipation.

We expect the portal of energy to dissolve
to infuse in us an alchemical creation.
The Moon returns new and growing –
mysterious, mystical, fantastic.
In its radiance we will wander
to tell it our innermost wishes,
we to sow them in moonlit path,
to shower them with love and trust.

We are dancing with the Moon and stars.
Our love grows and unfolds,
shines on way to the full moon.

COOCH BEHAR MAGAZINE, Sourav Sarkar, September 2022, India;
GOLD QUILL, POEMarium POETIC GROUP, 9000 members, competition № 92 for a poem from 8 to 16 lines, theme: MOON-LABOURS.

УСИЛНА ЛУНА

В безлунно небе сме вгледани
и търсим сред звездите Бог и пътища.

Луната влиза в тъмния си образ
в мига пред новолуние.
Чрез вяра и очакване да изживеем този миг.
Порталът от енергия да се разтвори
и в нас да влее алхимично сътворение.

Приижда нова и изгряваща Луната -
мистична, тайнствена и фантастична.
Под нейното сияние ще скитаме,
да споделим най-съкровените желания,
да ги посеем в лунната пътека
и ги обсипем с обич и доверие.

Танцуваме астрално в лунен цикъл.
И любовта расте. Нараства.
Искри и свети в път към пълнолуние.

Списание „COOCH BEHAR MAGAZINE", Sourav Sarkar, септември 2022, Индия;
ЗЛАТНО ПЕРО, POEMarium ПОЕТИЧНО ОБЕДИНЕНИЕ, 9 000 поети, конкурс № 92 за стихотворение от 8 до 16 реда, тема: "УСИЛНА ЛУНА".

¤¤¤¤¤¤¤¤¤¤¤¤¤¤¤¤¤¤¤¤¤¤¤¤¤¤

EVENING WALK

From the mysterious gaze of the nipples
of the crisp black grapes,
of silhouettes of bygone poplar trees,
like sentinels along the road,
don't be afraid!

From the nightingale's tall words,
from the sensual voice of a tawny owl,
from the fragile litter of grasses,
with the sharpened shadows of the reeds,
don't be afraid!

They are my friends. And my home.
Nature is my kingdom under the heavens.
The priests bless her with peace.
Poets chant it. And singers.
And God creates it with his heart.

Published in The Fatehpur Resolution, April 2024, India, editor Shailesh Veer; "CANVAS OF THOUGHTS", a monthly online international literary magazine, issue seven, July 2024, Indi, Editor and Compiler - Dr. Sonia Gupta.

ВЕЧЕРНА РАЗХОДКА

От тайнствения поглед на зърната
на хрупкавото черно грозде,
от силуети на отминали тополи,
наподобили стражи покрай пътя,
не се страхувай!

На славея от думите високи,
от чувствения глас на улулица,
от крехката постеля на тревите,
с изострените сенки на тръстиките,

не се страхувай!

Приятелите ми са те. И моят дом.
Природата е мое царство под небето.
Свещениците с мир я благославят.
Поети я възпяват. И певци.
И Бог я сътворява със сърцето си.

Публикувано в "The Fatehpur Resolution", април 2024, Индия, редактор Shailesh Veer;
CANVAS OF THOUGHTS /„Платно от мисли", месечно онлайн международно литературно списание, брой седми, юли 2024 г., Индия, редактор и съставител - д-р Соня Гупта, Индия.

¤¤¤¤¤¤¤¤¤¤¤¤¤¤¤¤¤¤¤¤¤¤¤¤¤¤

MYSTICAL EVENING

Clover meadows
Mom's footsteps
Are moving away
Motley butterflies
Vanish in greenery

Road through the valley
I went with my father,
I come back alone
In my dear father's mirror-
My crying eyes

Summer without mom
The courtyard overflows
With her flowers
Winds scatter
My loved ones

Midnight prayer
I connect with loved ones beyond
In dreams
The doorbell rings
When the dead arrive

My father's flute
Behind the hill
Two firefly glowing
On the window at night
Greetings from mum and dad

Gogyoshi-ren, sequence of gogyoshi, pointed out by Taro Aizu in a book of good examples from around the world, What's World Gogyoshi? (The Guideline for World Gogyoshi), Independently published (August 4, 2023), ISBN-13 : 979-8854965378, Таро Аизу, 2023.

МИСТИЧНА ВЕЧЕР

.

Детелина в ливадите
Стъпките на мама
Се отдалечават
Пъстри пеперуди
Чезнат в зеленината

.

Път през долината
Тръгнах с моя татко
Връщам се сама
В огледалото за бръснене -
Плачещите ми очи

.

Лято без мама
Дворът прелива
С нейните цветя
Ветрове разпръскват
Моите близки

.

Нощна молитва
Свързвам се с близките отвъд
В сънищата
Невидимите щом пристигнат
Звънецът звъни

Гогьоши-рен, последователност от гогьоши, посочено от Таро Аизу в книга с добри примери от цял свят "What's World Gogyoshi? (The Guideline for World Gogyoshi) / Какво е световно гогьоши? Ръководство за световно гогьоши", Independently published (August 4, 2023), ISBN-13 : 979-8854965378, Таро Аизу, 2023.

¤¤¤¤¤¤¤¤¤¤¤¤¤¤¤¤¤¤¤¤¤¤¤¤¤¤

AFTER THE RAIN

The sun peeked through the clouds
before leaving.
It made the houses golden
and clothed the people in gold.
It showered the mountain with gilding,
trees gracefully shone,
grasses and flowers sparkled.
From the peaks of the Balkans to the sky
gushed the rainbow
with its brightest colors.
The silent nature was filled
with fascination.

The worried people didn't see the beauty.

Cooch Behar Anthology, Volume 12, Sourav Sarkar, Cooch Behar, India, March 2024;
RED QUILL, POEMarium, competition No 130 for a poem, from 8 to 16 lines, Theme: Aesthetic Autumn.

СЛЕД ЕСЕННИЯ ДЪЖД

Преди да си отиде
слънцето през облаците се промуши.
Направи златни къщите
и хората облече в злато.
С позлата планината е обсипана,
дърветата изящни заблестяха,
тревите и цветята засияха.
От върховете на Балкана към небето
небесната дъга избликна
с най-ярките си цветове.
Смълчаната природа се изпълни с красота.

Не я видяха хората угрижени.

Cooch Behar Anthology /„Антология Cooch Behar", том 12, Sourav Sarkar, Cooch Behar, Индия , март 2024;
ЧЕРВЕНО ПЕРО, Поетично обединение POEMarium, конкурс № 139 за стихотворение от 8 до 16 реда, тема: „Естетика на есента".

¤¤¤¤¤¤¤¤¤¤¤¤¤¤¤¤¤¤¤¤¤¤¤¤¤¤¤

AURA OF AUTUMN

The fiery leaves of the maple
are floating smoothly over ground,
carried by the naughty wind
to depart with the sunset.

The sun does not want to leave,
the sky glows in ancient gold.
Above the amber pile of corn
my carroty kitten dreams.

The vines climb up the hill
with fragrant honey grapes.
I stared after the flocks of birds
and with them I fly above the planet.

To the scarlet sky, the life-giving sun,
among fruits, flowers and clouds -
I flow into the autumn aura
with a sparkling chrysanthemum on the ear.

Anthology Beautiful poems, SOURAV SARKAR, 2022 г., Cooch Behar, India; ANTHOLOGIE EPHEMERIDE: feuilles detachees / ANTHOLOGY EPHEMERIS: LOOSE LEAVES, France, 2022; RED QUILL, POEMarium POETIC GROUP, 9000 members, competition № 88 for a poem from 8 to 16 lines, theme: "AURA of AUTUMN".

ЕСЕННИ БАГРИ

Листата огнени на клена
се носят плавно над земята,
понесени от палав вятър
със залеза да отпътуват.

Не иска да си тръгне слънцето,

небето грее в старо злато.
Над кехлибарен куп от царевица
мечтае рижото ми коте.

Лози възлизат върху хълма
с уханно медоносно грозде.

Загледала съм се след птиците
и с тях политам над планетата
към алено небе и слънце,
сред плодове, цветя и облаци –
да се прелея в есенната аура
с искряща хризантема над ухото.

Антология "Beautiful poets" / „Красиви стихове", SOURAV SARKAR, 2022 г., CoochBehar, Индия;
ANTHOLOGIE EPHEMERIDE: feuilles detachees / Антология „Ефемериди: волни листа", Франция, 2022;
ЧЕРВЕНО ПЕРО, POEMarium ПОЕТИЧНО ОБЕДИНЕНИЕ, 9 000 поети, конкурс № 88 за стихотворение от 8 до 16 реда, тема: " АУРА НА ЕСЕНТА".

¤¤¤¤¤¤¤¤¤¤¤¤¤¤¤¤¤¤¤¤¤¤¤¤¤¤¤

SCENARIO OF SEASONS

I could recognize the weather scenario until yesterday:
in winter - heavy snow and stormy winds,
in spring - everything turns green, the trees are blossoming.

But today,
the nature has already changed.
It's autumn, the lilac trees have bloomed again
and the apple tree in yard, and white acacia.
Red roses smell like it is May.

Winter is coming unrecognizable -
no snow, slides, ice laces.
It's raining, raining - everything is soaked with water.

The seasons on Earth are solemn.
With divine hand the Universe protects us
and it directs the destiny and life.

OUR CHANGING EARTH: A collection of poetry about the Earth and climate change, from poets around the world. (THE POET's international anthologies), Vol. 1, by Robin Barratt, 2023;
RED QUILL, POEMarium POETIC ASSOCIATION, 9,000 poets, contest #71 for a poem of 8 to 16 lines, topic: Scenario of Seasons.

СЦЕНАРИЙ НА ВРЕМЕТО

До вчера разпознавах сценария на времето:
през зимата – дълбоки снегове и буреносен вятър,
напролет - цъфнали дървета сред зеленина.
Но днес природата е вече променена.

Есен е,
а люлякът цъфти отново
и ябълката в двора, и бялата акация.

Ухаят рози, сякаш е през май.

Неузнаваема пристига зимата –
безснежна, без пързалки и ледени дантели.
Дъждът вали, вали – подгизнало е всичко.

Сезоните върху Земята са тържествени.
С божествена ръка Вселената ни защитава,
предопределя съдбата и живота.

OUR CHANGING EARTH: A collection of poetry about the Earth and climate change, from poets around the world. / „НАШАТА ПРОМЕНЯЩА СЕ ЗЕМЯ": Том 1: Сборник с поезия за Земята и изменението на климата от поети от цял свят. (Международни антологии THE POET's)", Robin Barratt ,2023;
ЧЕРВЕНО ПЕРО, POEMarium ПОЕТИЧНО ОБЕДИНЕНИЕ, 9 000 поети, конкурс № 71 за стихотворение от 8 до 16 реда, тема: „Сценарий на сезоните."
¤¤¤¤¤¤¤¤¤¤¤¤¤¤¤¤¤¤¤¤¤¤¤¤¤¤¤¤

OMMEMORATING OF HER MAJESTY QUEEN ELIZABETH II

At the invitation of H.R.H. Queen Prof. Eden S. Trinidad

September winds carry Her soul away.
Lilies of the valley ring with weeping small bells.
The world says goodbye to the worthy Queen.

Scottish bagpipes sound soulfully.
Church choir and angel chants.
Prayers and divine messages.
The sound of fanfare echoed across London.
Silence. And worship. And thoughts.

Big Ben is in mourning and beats every minute.
Guardsmen, citizens, state leaders, the family.
Multitude solemnly walks.
The million screens send Her -
with sadness and love, with cannon salutes,
they recall events from Her reign.

Angelic songs welcome Her.
Heaven's rainbows rise in illumination.
Fly to stars, galaxies, glistening universes.
Her loved ones are waiting for Her in heaven.
Farewell to a Great Earthly Kingdom.
Reaching the Kingdom of Divine Love.

POETRY CELEBRATING THE LIFE OF QUEEN ELIZABETH II, from poets around the world, Published by THE POET ISBN: 9798356159527, a unique collection of poems from 106 poets in 38 countries around the world and 16 US states;
Anthology POETRY FOR THE QEEN Poets of Birland, 2022.

ИЗПРАЩАНЕ НА НЕЙНО ВЕЛИЧЕСТВО КРАЛИЦА ЕЛИЗАБЕТ II

По покана на нейно величество кралица проф. Идън С. Тринидад.

Септемврийски ветрове душата й отнасят.
Звънят камбанките на момини сълзи.
Прощава се светът с достойната кралица.

Прочувствено звучат шотландски гайди.
Църковен хор и ангелски напеви.
Молитви и божествени слова.
Фанфарен звук оглася Лондон.
Мълчание. И преклонение. И мисли.

Биг Бен е трауран и всякоя минута бие.
Гвардейци, граждани, държавни лидери, семейството.
Върви тържественото множество.
Милионните екрани я изпращат -
с тъга и обич, със салюти на оръдия,
сбогуват се и с времето на нейното царуване.

Посрещат я напеви ангелски.
Небесните дъги изгряват в озарение.
Полита към звезди, галактики, сияещи вселени.
В небето я очакват близки хора.
Сбогуване с едно Велико земно кралство.
Достига Кралство на Божествена любов.

„ПОЕЗИЯТА, ЧЕСТВАЩА ЖИВОТА НА КРАЛИЦА ЕЛИЗАБЕТ II", поети от цял свят, издател THE POET, ISBN: 9798356159527, уникална колекция стихове, 106 поети от 38 страни и от 16 щата – САЩ; Антология POETRY FOR THE QEEN Poets of Birland, 2022 /"ПОЕЗИЯ ЗА КРАЛИЦАТА, поети от Бирланд", 2022 .

¤¤¤¤¤¤¤¤¤¤¤¤¤¤¤¤¤¤¤¤¤¤¤¤¤¤¤¤

PULSATIONS

The galaxies are ships in the space.
The sun is a spark in the cosmic night.
Earth in ellipses closes its path
between successive civilizations.

I come with brave urges -
the forest before my eyes is huge,
the sea is deep for my feet,
the path is narrow and starting to get lost
in time with bottomless intervals.

But I fly - a pulsating firefly
between stars and atomic decays,
a raindrop among desert sands,
a pensive flower of a blooming rose,
the infinity asked to feel.

Poetic quill from THE WORLD OF POETRY - JULY 11 - DAY OF THE PLANET EARTH, POETAS INTERGALÁCTICOS;
GOLD QUILL, POEMarium, 9 000 poets from different countries, contest Poetic Parley No 126 for a poem from 8 to 16 lines, TOPIC: "POETIC INSPIRATION".

ПУЛСАЦИИ

Галактиките - кораби в пространството.
Искра в космическата нощ е слънцето.
Земята в елипси затваря пътя си
между поредните цивилизации.

Прииждам с дръзновени пориви -
огромна е гората пред очите ми,
дълбоко е морето за нозете ми,
пътеката е тясна и се губи

във времето с бездънни промеждутъци.

Но аз летя – пулсираща светулка
между звезди и атомни разпади,
дъждовна капка сред пустинни пясъци,
замислен цвят на разцъфтяла роза,
безкрайността поискал да усети.

„Поетично перо” от „СВЕТЪТ НА ПОЕЗИЯТА“ - „11 ЮЛИ - ДЕН НА ПЛАНЕТАТА ЗЕМЯ“, POETAS INTERGALÁCTICOS;
ЗЛАТНО ПЕРО, Поетично обединение POEMarium, 9 000 поети от различни страни, конкурс № 126 за стихотворение от 8 до 16 реда, ТЕМА: „Поетично вдъхновение”.

¤¤¤¤¤¤¤¤¤¤¤¤¤¤¤¤¤¤¤¤¤¤¤¤¤¤

EMOTIONAL MEMORY

I remember that moment again
darkness covered the Earth.
Fragrance of spring flowers,
feeling of nearness unknown.

It was dark outside and I hesitated.
But I had to go on alone,
thinking about both of us, about the light -
that we can be scattered.

The soul within me started crying.

- Go on! – you said to me, staring into the twilight.
 - Go, I will find you in the worlds.
- I'm afraid we'll get lost - I told.
- I'll find you. You shine in the blackness.

In the magazine OUR POETRY ARCHIVE July 2024 V-10 N-4 Issue No. 112, India, Chief Editor NilavroNill Shoovro;
RED QUILL, Poemarium Poetry Association, 8 900 poets from different countries, competition № 107 for a poem from 8 to 16 lines, theme: Emotions.

ЕМОЦИОНАЛЕН СПОМЕН

Пак си спомням оня миг,
мрак покриваше Земята.
Мирисът на пролетни цветя,
чувството за близост непозната.

Тъмно бе навън и колебаех се.
Трябваше сама за продължа,
мислех си за двама ни, за светлината –
как не можем да се разпилеем.

Моята душа изплака.

- Тръгвай! – каза ми, загледан в мрака.
- Аз ще те намеря в световете.
- Ала в тъмното ще се изгубим.
- Ще те преоткрия. В тъмнината светиш.

В списание "OUR POETRY ARCHIVE", July 2024 V-10 N-4 Issue No. 112, Индия, главен редактор NilavroNill Shoovro;
ЧЕРВЕНО ПЕРО, Поетично обединение POEMarium, 8 900 поети от различни страни, конкурс № 107 за стихотворение от 8 до 16 реда, тема: „ЕМОЦИИ".

¤¤¤¤¤¤¤¤¤¤¤¤¤¤¤¤¤¤¤¤¤¤¤¤¤¤

MINKO TANEV
МИНКО ТАНЕВ

STAR RESIDENTS / ЗВЕЗДНИ ЖИТЕЛИ

¤¤¤¤¤¤¤¤¤¤¤¤¤¤¤¤¤¤¤¤¤¤¤¤¤¤¤

PERFECTION FROM WORDS

To sail away - that's how I'm doomed
in my ears the elements to crack
and the planetary inhabitant to be
instrument in a universal orchestra.

The gong of the hurricane to break
my glassy and glamorous horizon -
to sweep the cities of sand
and the rocky bell towers.

And I'm bronze, ethereal and shiny
with elevated poetic image -
and the hands streaked with splashes,
as if they say goodbye to the seagulls.

And I see them swirling, curled up
how they descend from steep treble
in the oratorio of the waves
on a string from the former drought .

Anthology INTERNATIONAL POETS, by Sourav Sarkar, August 18, 2022, CoochBehar, India;
RED QUILL, POEMarium POETIC GROUP, 9000 members, competition № 104 for a poem from 8 to 16 lines, theme: PoetisinG.

СЪВЪРШЕНСТВО ОТ ДУМИ

Да отплувам - така съм осъден
и стихии в ушите да треснат
и планетният жител да бъде
инструмент във вселенски оркестър.

Кръгозора ми стъклен и бляскав
ураганният гонг да разбие -
да смете градовете от пясък
и скалистите камбанарии.

И съм бронзов, ефирен и лъскав,
с извисен поетически облик -
и ръцете, изпъстрени с пръски,
сякаш казват на чайките сбогом.

И ги виждам развихрени, свити
как по стръмни дисканти се спущат
в ораторията на вълните
върху струна от бившата суша.

Антология „INTERNATIONAL POETS", Sourav Sarkar, август 18, 2022, Cooch Behar, Индия;
ЧЕРВЕНО ПЕРО, POEMarium ПОЕТИЧНО ОБЕДИНЕНИЕ, 9 000 поети, конкурс № 104 за стихотворение от 8 до 16 реда, тема: „Поетизиране".

¤¤¤¤¤¤¤¤¤¤¤¤¤¤¤¤¤¤¤¤¤¤¤¤¤¤

STAR ALPHABET

"Genuine poetry can communicate before it is understood"- T. S. Eliot

Our celestial proto-language
echoed in dark, empty rooms
I was a star dweller and a mystic -
I did not stop my dreaming.

And here I am on the Earth
with the cosmic ideal -
I have chosen a homeland
and the aliens in me are tossing.

And infinitely, and without beginning
messages of stellar inhabitants
Come to us from the future
From the Akash records.

Anthology about the Earth, LISTEN TO HER SILENCE, editor and compiler - Dr. Sonia Gupta, India, 2023, reviewer – Minko Tanev;
ANTHOLOGY OF THE YEAR 2100, Cooch Behar city, India, 2023, editor SOURAV SARKAR, ISBN-13 : 979-8862734508;
POET OF THE MONTH, POEMarium POETIC GROUP, 9000 members, QUOTE POEM № 23 for a poem of minimum 8 lines and maximum 12 lines, the motif: "Poetry is an echo, asking a shadow to dance." — Carl Sandburg. The poem was reviewed by Mohan Lal Verma.

¤¤¤¤¤¤¤¤¤¤¤¤¤¤¤¤¤¤¤¤¤¤¤¤¤¤

ЗВЕЗДНА АЗБУКА

„Истинската поезия може да общува, преди да бъде разбрана" - Т. С. Елиът.

Ехтеше в тъмни пусти стаи
небесният ни праезик –

бях звезден жител и мистик –
не съм престанал да мечтая.

И ето ме върху земята
с космическия идеал –
отечество съм си избрал
и пришълците в мен се мятат.

И безначално, и безкрайно
от бъдещето в нас прииждат
послания на звездни жители.
И хрониките на Акаша.

Антология за Земята, SAVE OUR PARADISE / „СПАСЕТЕ НАШИЯ РАЙ “, редактор и съставител д-р Соня Гупта, Индия, 2023, рецензент – Минко Танев;
АНТОЛОГИЯ ЗА 2100 ГОДИНА / „ANTHOLOGY OF THE YEAR 2100”, Cooch Behar city, Индия, 2023, редактор SOURAV SARKAR, ISBN-13 : 979-8862734508;
ПОЕТ НА МЕСЕЦА, 24.12.2020, POEMarium ПОЕТИЧНО ОБЕДИНЕНИЕ, 9 000 поети, конкурс № 23 за стихотворение по цитат от 8 до 12 реда, тема: „Поезията е ехо, поканило сенките да танцуват“ - Карл Сандбърг. Стихотворението е рецензирано от Mohan Lal Verma.

¤¤¤¤¤¤¤¤¤¤¤¤¤¤¤¤¤¤¤¤¤¤¤¤¤¤

AUTUMN ETUDE

Traces of seagulls.
The scream blew up waves.
And the abyss sloped
terribly over us.

And I saw star signs.
And a ship with a keel wrecked.
And talk. And nations.
In the fearsome surf.

The world will be different
in the heavenly contours
after the Second Coming,
that began from here.

Grand premio International Poetry Prize, Ossi di Seppia, Italy, 2023 for cycle poems;
In Anthology of the best foreign poets, Italy, 2023;
In the magazine July 2024 V-10 N-4, Issue No. 112, India, Chief Editor NilavroNill Shoovro;
GOLD QUILL, POEMarium, 9 000 member, contest No 115 for a poem of 8 to 16 lines, THEME: "Gesture from nature".

ЕСЕНЕН ЕТЮД

Следи на гларус. Крясъкът
взривяваше вълни.
И бездната ужасно
над нас се наклони.

И виждах звездни знаци.
И кораб с кил разбит.
И говори. И нации.
В прибоя страховит.

В контурите небесни
светът ще бъде друг
след Второто пришествие,
започнало оттук.

Grand premio International Poetry Prize "Ossi di Seppia"/ Голяма международна награда за поезия"Ossi di Seppia", Италия, 2023, за цикъл стихове;
В „Антология на най-добрите чуждестранни поети", Италия, 2023;
В списание „July 2024 V-10 N-4 Issue No. 112", Индия, главен редактор NilavroNill Shoovro;
ЗЛАТНО ПЕРО, Поетично обединение POEMarium, 9 000 членове, конкурс № 115 за стихотворение от 8 до 16 реда, ТЕМА: „Жест от природата".

¤¤¤¤¤¤¤¤¤¤¤¤¤¤¤¤¤¤¤¤¤¤¤¤¤¤

SAID ON A CANDLE

The Holy Father is the creator of the universe.
God's power moves galaxies.
God is love, light and deliverance.
God is close to all who call on him.
God is our blessing.
God's love exalts us.
Let's feel God with our heart!

Participation in a God-inspired poetry project Poems on a candle, Romania, 2023;
In International Collaborative Anthology THE BLESSED TRINITY: FATHER, SON & HOLY SPIRIT, India, 2020.

СПОДЕЛЕНО НА СВЕЩ

Бог Отец е създателят на Вселената.
Божия сила движи галактиките.
Бог е любов, светлина и избавление.
Бог е близо до всички, които го призовават.
Бог е нашата благословия.
Божията любов ни възвисява.
Да почувстваме Бог със сърцето си!

Участие в проект за боговдъхновена поезия „Стихове на свещ", Румъния, 2023;
В международна съвместна антология "THE BLESSED TRINITY: FATHER, SON & HOLY SPIRIT" / „СВЕТАТА ТРОИЦА: ОТЦА, СИНА И СВЕТИЯ ДУХ", Индия, 2020.

¤¤¤¤¤¤¤¤¤¤¤¤¤¤¤¤¤¤¤¤¤¤¤¤¤

SPRING FAIRY TALES

Star rhythm fills me
White light
The pulse of the universe
Elevates each stem
Sunbeams peep through a cloud
.
Bees pollinate
The flowering geranium
The flight carries
The scent of honey
During the seasons of my admiration
.
In the dance of life
The colors come alive
God helps me with the laws of beauty
Thousands of suns thump
As if we were re-created.

Gogyoshi-ren, sequence of gogyoshi, pointed out by Taro Aizu in a book of good examples from around the world, What's World Gogyoshi? (The Guideline for World Gogyoshi, Independently published (August 4, 2023), ISBN-13 : 979-8854965378, Таро Аизу, 2023;
BLUE QUILL from Poetic Association POEMarium, 9000 poets from different countries, competition No 121 for poem from 8 to 16 lines, theme: Spring-Fairy.

ПРОЛЕТНИ ПРИКАЗКИ

Звезден ритъм ме изпълва
Бяла светлина
Пулсът на вселената
Извисява всяко стръкче
Надничa слънчев лъч през облак

Пчела опрашва
Цъфналия здравец.
Благоуханен аромат
На мед се носи
В сезоните на моята възхита

В танца на живота
Цветовете се възраждат
Бог ми помага със законите на красотата
Хиляди слънца туптят
Сякаш сме отново сътворени

Гогьоши-рен, последователност от гогьоши, посочено от Таро Аизу в книга с добри примери от цял свят, "What's World Gogyoshi? (The Guideline for World Gogyoshi?/ Какво е световно гогьоши? Ръководство за световно гогьоши", Independently published (August 4, 2023), ISBN-13 : 979-8854965378, Таро Аизу, 2023;
СИНЬО ПЕРО, Поетично обединение POEMarium, 9 000 поети от различни страни, конкурс № 121 за стихотворение от 8 до 16 реда, тема: „Пролет – фея".

¤¤¤¤¤¤¤¤¤¤¤¤¤¤¤¤¤¤¤¤¤¤¤¤¤¤

MUSICAL ENLIGHTENMENTS

Bottomless nights. Breathless days.
Love, you blaze with astral reflections.
The melody in me will start ringing.
I will be lifted up by strings without beginning.

Far from melancholy and anger -
you bring me back to the feast sublimely.
In the ruins of a rumbling majestic.
Through the dark and sad layers.

An ancient dream. Heavenly Pieta.
In the light I asked to see you.
And your moon lotus bloomed
over a volcanic explosion from dead clams.

Peace universal in you has me pinned
and in starry revelations I tossed about.
And with nostalgic ancient senses
I sensed enlightenment in my soul.

Grand premio International Poetry Prize, Ossi di Seppia, Italy, 2023 for cycle poems;
In Anthology of the best foreign poets, Italy, 2023;
International Virtual Exhibition of Art and Literature, part of the project Consciousness and Artistic Transformation, Mexico;
In the magazine July 2024 V-10 N-4 Issue No. 112, India, Chief Editor Nilavro Nill Shoovro;
NTERNATIONAL ART AND POETIC ANTHOLOGY : CONSCIOUSNESS & TRANSFORMATION, English edition - Marlene Pasini, Amazon Mexico Services, ASIN : B0C55V6DPR;
RED QUILL, POEMarium, 9 000 poets from different countries, competition No 117 for a poem, from 8 to 16 lines, Theme: MELODY.

МУЗИКАЛНИ ПРОСВЕТЛЕНИЯ

Бездънни нощи. Бездиханни дни.
Искриш, любов, с отблясъци астрални.
Мелодията в мен ще зазвъни.
Ще ме настройват струни безначални.

Далеч от меланхолия и гняв –
към празника възвишено ме връщаш.
В руините на тътен величав.
През пластовете сумрачни и тъжни.

Античен блян. Небесна пиета.
На светлина поисках да те видя.
И твоят лунен лотос разцъфтя
над вулканичен взрив от мъртви миди.

Покой вселенски в теб ме прикова
и в звездни откровения се мятах.
И с носталгични древни сетива
предчувствах просветление в душата.

Grand premio International Poetry Prize "Ossi di Seppia" /Голяма международна награда за поезия "Ossi di Seppia", Италия, 2023, за цикъл стихове; в „Антология на най-добрите чуждестранни поети", Италия, 2023;
В списание „July 2024 V-10 N-4 Issue No. 112", Индия, главен редактор NilavroNill Shoovro;
Международна виртуална изложба за изкуство и литература, част от проекта „Съзнание и художествена трансформация", Мексико; NTERNATIONAL ART AND POETIC ANTHOLOGY : CONSCIOUSNESS & TRANSFORMATION /" МЕЖДУНАРОДНА АНТОЛОГИЯ ЗА ИЗКУСТВО И ПОЕЗИЯ: СЪЗНАНИЕ и ТРАНСФОРМАЦИЯ", Английско издание - Марлене Пасини, Amazon Mexico Services, ASIN : B0C55V6DPR;
ЧЕРВЕНО ПЕРО, Поетично обединение POEMarium, 9 000 поети от различни страни, конкурс № 117 за стихотворение от 8 до 16 реда, тема: „МЕЛОДИЯ".

¤¤¤¤¤¤¤¤¤¤¤¤¤¤¤¤¤¤¤¤¤¤¤¤¤¤¤¤

BRIGHT AURA

"Poetry is the art of uniting pleasure with truth." - Samuel Johnson

The most lovely smile in the world
and your sublime gaze
I wanted to embody in verse,
to write with light.

I felt the tidal wave power
in your urge.
The dusk recognized my true face
and lifted us up.

Stellar blood filled our hearts -
the infinity flames in love,
thousands of suns sparkle over us,
so we don't get lost.

Anthology MELODIOUS MUSINGS OF LOVE, Dr. Sonia Gupta, India, 2023; BLUE QUILL, POEMarium, QUOTE-POEM: – 12, Motif : "Poetry is the art of uniting pleasure with truth." – Samuel Johnson", poem neither less than 8 lines nor more than 12 lines.

СВЕТЛА АУРА

„Поезията е изкуството да обединяваш удоволствието с истината." - Самюъл Джонсън

Най-свидната усмивка на света
и погледа възвишен
поисках в стихове да въплътя,
със светлина да пиша.

И силата на приливна вълна
почувствах в твоя порив -

и здрачът истинското ми лице позна,
издигна ме нагоре.

Сърцето ми изпълни звездна кръв -
пламти безкраят влюбен
и хиляди слънца над нас искрят,
за да не се изгубим.

MELODIOUS MUSINGS OF LOVE / „МЕЛОДИЧНИ РАЗМИСЛИ ЗА ЛЮБОВТА", Dr. Sonia Gupta, Индия, 2023;
СИНЬО ПЕРО, POEMarium, конкурс № 12,стихотворение от 8 до 12 реда, тема: „Поезията е изкуството да обединяваш удоволствието с истината" - Самюъл Джонсън.

¤¤¤¤¤¤¤¤¤¤¤¤¤¤¤¤¤¤¤¤¤¤¤¤¤¤

JOURNEY OF LOVE

Bright Week.
Blooming cherries
are blessing us
with spring sacraments.
A sunny lift transfers us
above the clouds
in the way to infinity.
The journey of love turns us
in a happy galaxy.

I rediscover on the moon
cities of atlanteans.
Cosmic fusion
in bright colors
elevates our sleep.
In the next round of the spiral.

Enlightenment.

Anthology world poets LIVINGS VOICES, editors Editors Rei Berroa and Fernando Cabrera, Dominican Republic, 2022;
WORLD POETRY TREE, Anthology for Hope, Love and Peace, Expo - Dubai 2020, Edition 2022;
POETS OF THE FORTNIGHT 15.12.2021, POEMarium POETIC GROUP, 9000 members, competition № 93 for a poem from 8 to 16 lines, theme: JOURNEY OF LOVE. Review by the Poet Bala;
Appreciation awards, competition No 110, metaphorical poem based on a given picture, Poetry Planet, 52,000 authors from around the world, Philippines;
Participation in the 1st Philippines Venue of the Chinese Poetry Spring Festival Gala, 2022.

ПЪТУВАНЕ КЪМ ЛЮБОВТА

Светла седмица.
Цъфнали вишни
ни благославят
с пролетни тайнства.
Слънчев лифт
ни прехвърля над облаци
в път към безкрая.
Пътешествие към любовта
ни завърта
в щастлива галактика.

Градове на атланти
преоткривам върху Луната.
Космическо сливане
в лумнали багри
възвисява съня ни.
В следващ кръг на спиралата.

Просветление.

Антология световни поети „LIVINGS VOICES", редактори Rei Berroa и Fernando Cabrera, Доминиканска република, 2022;
WORLD POETRY TREE /СВЕТОВНО ПОЕТИЧНО ДЪРВО, антология за надежда, любов и мир, Expo - Dubai 2020 Edition /Дубай – 2022;
Награди за висока оценка, конкурс № 110, метафорично стихотворение по картина, Poetry Planet, 52 000 автори от цял свят, Филипини;
ПОЕТ на втората половина на м. февруари 2022, Поетично обединение POEMarium, конкурс № 98 за стихотворение от 8 до 16 реда, тема: "ПЪТУВАНЕ НА ЛЮБОВТА", рецензия от поета Бала;
Участие в 1-вия Филипински международен поетичен фестивал на китайската пролетна поезия „Гала Фест", 2022.

¤¤¤¤¤¤¤¤¤¤¤¤¤¤¤¤¤¤¤¤¤¤¤¤¤¤¤¤¤¤

SUNRISE IN COLORS AND WORDS

"Painting is silent poetry, and poetry is painting that speaks." – Plutarch

In love with forms, with their steep movement,
I foresaw calmness - in me
a flirtation was brewing between colors and poems
and the cry was mine.

I wept and sang, starry peak, serene foothills,
in the terrifying height –
hymn to mythical heroes in the sky alarmingly
and the soul bleeds.

The flame goes out. The target is hit.
Enlightenment. Smoke.
Anthills freeze in the tunnel's snow vault.
Until we take off.

Published in The Fatehpur Resolution, April 2024, India, editor Shailesh Veer; Certificate Recognition of Honor from IV INTERNATIONAL LITERARY EVENT 2024 POETIC ART, Desde Responsible Travel; the Fundación Amazonia Productiva de Ecuador; Poetas Intergalacticos;
GOLD QUILL from POEMarium, 9 000 poets from different countries, competition Quote-Poem: 48 for a poem based on a quote, from 8 to 12 lines, THEME: "Painting is silent poetry, and poetry is painting that speaks." – Plutarch.

ИЗГРЕВ В ЦВЕТОВЕ И СЛОВО

"Живописта е мълчалива поезия, а поезията е живопис, която говори." – Плутарх

Влюбен във формите, в тяхното стръмно движение,
предусещах покой –
флирт между багри и стихове зрееше в мене
и викът беше мой.

Плаках и пях, звезден връх, безметежно подножие,
в страховитата вис –
химн за митични герои в небето тревожно
и душата кърви.

Секнал е пламъкът. Прицелът сякаш уцелен е.
Озарение. Дим.
Мръзнат мравуняци в снежния свод на тунела.
Докато излетим.

Публикувано в "The Fatehpur Resolution", април 2024, Индия, редактор Shailesh Veer;
Сертификат „признание на честта"от IV –то МЕЖДУНАРОДНО ЛИТЕРАТУРНО СЪБИТИЕ 2024 „ПОЕТИЧЕСКО ИЗКУСТВО", Desde Responsible Travel; la Fundación Amazonía Productiva de Ecuador; Poetas Intergalácticos;
ЗЛАТНО ПЕРО, Поетично обединение POEMarium, 9 000 поети от различни страни, конкурс № 48 за стихотворение по цитат от 8 до 12 реда, ТЕМА: "Живописта е мълчалива поезия, а поезията е живопис, която говори." – Плутарх.

¤¤¤¤¤¤¤¤¤¤¤¤¤¤¤¤¤¤¤¤¤¤¤¤¤¤

ROCK DRAWINGS

Poetry is eternal graffiti written in the heart of everyone.
- Lawerance Ferlinghetti.

I have a lunar name,
it stardust alludes
and whimsical flowers.

Astrologically I follow
the lunar north node
with the flow of Aquarius.

I rediscover the sign of Mars
and ancestral desires
I embody in poetry.

The Ancient March from the East
is shining above rock sanctuaries
in a pulse of celestial graffiti.

RED QUILL, POEMarium, quote contest No 57 for a poem, from 8 to 12 lines, Theme: "Poetry is eternal graffiti written in the heart of everyone". - Lawerance Ferlinghetti.

СКАЛНИ РИСУНКИ

„Поезията е безсмъртни графити, изписани в сърцето на всеки“. - Лорънс Ферлингети.

Моето име е лунно,
звездни прашинки загатва
и причудливи цветя.

Астрологически следвам

лунния северен възел
на водолея с потока.

Знака на Марс преоткривам
и на предци въжделенията
превъплъщавам в поезия.

Древният поход от Изток
блясва над скални светилища
в пулс на небесни графити.

ЧЕРВЕНО ПЕРО, Поетично обединение POEMarium, конкурс № 57 за стихотворение по цитат от 8 до 12 реда, тема: „Поезията е безсмъртни графити, изписани в сърцето на всеки“. - Лорънс Ферлингети.

¤¤¤¤¤¤¤¤¤¤¤¤¤¤¤¤¤¤¤¤¤¤¤¤¤

HOPE FOR TOMORROW

Sun and moon -
Tree of hope
It grows in the sky
With music from the spheres
Persimmons are ripening

The 6th World Gogyoshi Anthology, Poetry Planet Book Publishing House, editor Taro Aizu, 2024.

НАДЕЖДА ЗА УТРЕ

Слънце и луна –
Дърво на надеждата
Расте в небето
С музика от сферите
Зреят райски ябълки

The 6th World Gogyoshi Anthology /„Шеста антология на световното гогьоши", Poetry Planet Book Publishing House, редактор Taro Aizu, 2024.

¤¤¤¤¤¤¤¤¤¤¤¤¤¤¤¤¤¤¤¤¤¤¤¤¤¤¤¤

Tweetku 46 by photo

*

morning breeze
the ocean rises
between two palms

Anthology VERSE VICTORIES: Celebrating the Best in Poetic Excellence, August 13, 2023. Poetry Planet features nearly 52,000 authors from around the world;
Daily Haiku: March 11, 2024, Posted on March 10, 2024 by Charlotte Digregorio;
Golden Triangle Haiku Contest, 2023, Washington DC, in Haiku Winners.

Tweetku 46 по снимка

*

утринен полъх
океанът изгрява
между две длани

Антология „VERSE VICTORIES: Celebrating the Best in Poetic Excellence" / „ПОЕТИЧНИ ПОБЕДИ: Ознаменуване на най-доброто в поетическото съвършенство", август, 2023, „Poetry Planet"включва около 52 000 автори от цял свят;
Daily Haiku, USA: Minko Tanev – March 11 2024, Charlotte Digregorio;
Конкурс за хайку "Златен триъгълник", 2023 г., Вашингтон, сред победителите.

¤¤¤¤¤¤¤¤¤¤¤¤¤¤¤¤¤¤¤¤¤¤¤¤¤¤

WORDS OF LIGHT

"Poetry is just the evidence of life" - Leonard Cohen

You are splendid in the window opposite
high above feuds and times –
I feel you painfully and acutely
and my words gush into light.

And in the stained glass of a distant era
you break the china of your laughter –
should I wave my hand that I recognized you
dumbfounded and superstitious by surprise.

Poetry is a crucifix for us -
to exalt ways without number.
I praise her songful embrace,
and I believe it is yours, my God!

Poets of freedom, from the VII International Literary Event, August 2024, POETAS INTERGALÁCTICOS, Ecuador, 2024;
RED QUILL, POEMarium, 9,000 members, quote contest #55 for a poem from 8 to 12 lines,, topic: " Poetry is just the evidence of life " - Leonard Cohen.

ДУМИ ОТ СВЕТЛИНА

„Поезията е просто истина за живота" - Леонард Коен

Прекрасна си в прозореца отсреща,
високо над вражди и времена –
болезнено и остро те усещам
и думите ми бликат в светлина.

И в стъклописа на далечна ера
разчупваш фарфора на своя смях –

да махна ли с ръка, че те познах,
от изненада ням и суеверен.

Поезията е за нас разпятие -
да възвисява пътища безброй.
Прославям песенните й обятия
и вярвам, че са твои, Боже мой!

„Поет на свободата", VII Международно литературно събитие, август 2024, POETAS INTERGALÁCTICOS, Еквадор, 2024;
ЧЕРВЕНО ПЕРО, Поетично обединение POEMarium, 9 000 членове, конкурс по цитат № 55 за стихотворение от 8 до 12 реда, тема: „Поезията е просто истина за живота" - Леонард Коен.

¤¤¤¤¤¤¤¤¤¤¤¤¤¤¤¤¤¤¤¤¤¤¤¤¤¤

MY PASSIONATE MOMENTS

The crystal ringing from the island deceives me
And…if I close my eyes for a moment -
I fly with my father's bicycle,
My head protrudes above the frame.

The eternal river has preserved
In its deep blue depths
A mythical sun kite,
Rainbows and colors from light.

And deciphered the former signs,
The clear memory calls me
With willows - suddenly illuminated,
With the vibrating other worlds.

Maritsa's River amethysts mix me into kaleidoscopes
With future stars –
I drink through the vertical reed whirlwinds of my birth
And my passionate moments again become alive.

In CANVAS OF THOUGHTS, monthly online international literary magazine, fourth issue, April 2024, India, editor DR. SONIA GUPTA, dedicated to the planet Earth;
ATUNIS GALAXY POETRY, 18 април 2022;
RED QUILL, POEMarium POETIC GROUP, 9000 members, competition № 99 for a poem from 8 to 16 lines, theme: COLOURS IN LIFE.

ЦВЕТНА РОДИНА

Кристален звън от острова ме мами
и за момент притворя ли очи -
летя с велосипеда на баща ми,
главата ми над рамката стърчи.

И свидната река е съхранила
в небесносинята си глъбина
едно митично слънчево хвърчило,
дъга от цветове и светлина.

И разшифровал прежните знамения,
избистреният спомен ме зове
с върбите – ненадейно озарени,
с трептящите отвъдни светове.

Маришки аметисти ме размесват
в калейдоскопи с бъдещи звезди
и пия през тръстиките отвесни
вихрушката, която ме роди.

В CANVAS OF THOUGHTS /„Платно от мисли", месечно онлайн международно литературно списание, четвърти брой, април 2024 г., Индия, редактор DR. SONIA GUPTA, посветено на планетата Земя; ATUNIS GALAXY POETRY, 18 април 2022; ЧЕРВЕНО ПЕРО, POEMarium ПОЕТИЧНО ОБЕДИНЕНИЕ, 9 000 поети, конкурс № 99 за стихотворение от 8 до 16 реда, тема: „ЦВЕТОВЕ НА ЖИВОТА".

¤¤¤¤¤¤¤¤¤¤¤¤¤¤¤¤¤¤¤¤¤¤¤¤¤¤

SHAPE OF SAND

The surf clears sediment children's lines.
Consciousness and breath aren't enough we to love only you.
The light of salt is in your ancient smile.
Sudden eye in the Universe - our hope is blue.

Listed in HYPERPOEM Anthology (India, 2024), which has been submitted for inclusion and is pending acceptance in the Guinness Book of World Records , 2024, (№ 1248 in the book);
BLUE QUILL, POEMarium POETIC GROUP, 9000 members, POETIC PARLEY competition № 70 for quatrain in English - rhyming and rhythmic, theme: Blue day. (Blue is the Color of Hope).

ФОРМА ОТ ПЯСЪК

Преоткриват вълните през наноси детските линии.
И не стигат ни свяст, нито дъх само теб да обичаме.
На солта светлината е в древната твоя усмивка.
Ненадейно вселенско око на надеждата в синьо.

Вписана в антологията на HYPERPOEM (Индия, 2024), която е представена за включване и очаква приемане в Книгата на световните рекорди на Гинес, 2024, (№ 1248 в книгата);
СИНЬО ПЕРО, POEMarium ПОЕТИЧНО ОБЕДИНЕНИЕ, 9 000 поети, конкурс № 70 за четиристишие на английски език – римувано и ритмувано, тема: „Син ден." (Цветът на надеждата е син). Условията се отнасят за английската версия.

¤¤¤¤¤¤¤¤¤¤¤¤¤¤¤¤¤¤¤¤¤¤¤¤¤

CARNIVAL IN PLOVDIV*

I sing for you, my town, illuminated
of southern and world splendor -
far carried away a sunny memory
the soul-teller Saroyan **.

Here golden and purified Zlatyu ***
possessed the contrasts.
The fiery carnival gives birth
to poets. And the artists.

The radiant mirrors
of the brush and pen -
are the truths for life
with their Divine talent.

The world untouchable and familiar
grows among the ruins.
The eccentrics of my town
are worthy of Fellini .****

** Plovdiv, Bulgaria - one of the oldest towns in the world;*
***William Saroyan, Armenian-American novelist, playwright, and short story writer.*
****Zlatyu Boyadzhiev, great Bulgarian painter;*
*****Federico Fellini, Italian film director, recognized as one of the greatest and most influential filmmakers of all time.*

ANTHOLOGY OF BULGARIA, 2023, Cooch Behar, Индия, ISBN-13 : 979-8393623241, издател : Independently published, редактор Sourav Sarkar; GOLD QUILL, POEMarium POETIC GROUP, 9000 members, competition № 105 for a poem from 8 to 16 lines, theme: TRUTH.

КАРНАВАЛ В ПЛОВДИВ

Възпявам те, мой град, огрян
от блясък южен и световен -
далеч отнесе слънчев спомен
и сърцеведът Сароян*.

Тук Златю** златен и пречистен
контрастите е обладал
и пламналият карнавал
поети ражда. И артисти.

В сияйните огледала
на четката и на перото -
са истините за живота
с Божествения им талант.

Недосегаем и познат
светът пониква сред руини.
И са достойни за Фелини***
чудаците на моя град.

** Уилям Сароян – арменско-американски писател, драматург и автор на разказ;*
*** Златю Бояджиев – велик български художник;*
**** Фредерико Фелини – италиански режисьор, признат за един от най-великите и влиятелни режисьори на всички времена*

ANTHOLOGY OF BULGARIA / АНТОЛОГИЯ НА БЪЛГАРИЯ, 2023, Cooch Behar, Индия, ISBN-13 : 979-8393623241, издател : Independently published, редактор Sourav Sarkar;
ЗЛАТНО ПЕРО, POEMarium ПОЕТИЧНО ОБЕДИНЕНИЕ, 9 000 поети, конкурс № 105 за стихотворение от 8 до 16 реда, тема: „ИСТИНА".

¤¤¤¤¤¤¤¤¤¤¤¤¤¤¤¤¤¤¤¤¤¤¤¤¤¤¤¤

HIGH SPACES

I dizzyingly traversed the vortices of time,
where the semi-darkness embodies
mysterious empires and warring nations,
sunk in ruins and oblivion.

What shining helmet-bearers are lost in the nothing -
Excellencies blown away without a trace -
and winds and sands grind me up mercilessly,
and my victory is Pyrrhic.

Irreconcilable spurs bleed - rales are cutting
dying and future moments.
And this round-the-clock watch is the parent of everything,
enlightened from the blazing thoughts .

International anthology History of Common Literature Period, Book 1, Sourav Sarkar, Independently published (January, 2024), English, India, ISBN-13 : 979- 8874296094;
CERTIFICATE for outstanding contribution from international literary competition № 6 in the debate on the topic: Time Management, POETRY EDUCATION ACADEMY, Nigeria.

ВИСОКИ ПРОСТРАНСТВА

Въртопите във времената шеметно преbродих,
където полумракът въплъщава
загадъчни империи и войнствени народи,
потънали в руини и забрава.

Какви блестящи шлемоносци в нищото пропадат -
сиятелства, издухани безследно -
и ветрове, и пясъци ме смилат безпощадно,
и пирова е моята победа.

Кървят непримирими шпори - хрипове разсичат
отмиращи и бъдни мигновения.
И този денонощен зов родител е на всичко,
от пламналите мисли просветлено.

Международна антология „History of Common Literature Period", Book 1, Sourav Sarkar, Independently published (януари, 2024), английски, Индия, ISBN-13 : 979-8874296094;
СЕРТИФИКАТ за изключителен принос от международен литературен конкурс № 6 в дебат на тема: „Управление на времето", POETRY EDUCATION ACADEMY / Поетична образователна академия, Нигерия.

¤¤¤¤¤¤¤¤¤¤¤¤¤¤¤¤¤¤¤¤¤¤¤¤¤¤

MORNING MIRACLES

The pavement is still wet,
and the leaves - dry -
perhaps wanderers in spirit
to predict a flight.

We are sleepy scattered at dawn
in cloudy performances
and the drops pearly shine ,
they glorify the sun .

We are transformed to breathe the epic morning .
And God to love us from the settlements Above.

Golden Eagle, granted by Prodigy Life Academy US for achievement in global AWAKENING;
In PRODIGY MAGAZINE, October 2023, USA, theme "Awakening";
Anthology "World Common Literature", by SOURAV SARKAR, December 18, 2021, CoochBehar, India;
Appreciation AWARD, POETRY PLANET, Motion Poetry Challenge, word 122Words, motif: " The happiness is…"

УТРИННИ ЧУДЕСА

Все още мокър е паважът,
а листата – сухи -
навярно полет да предскажат
странстващите духом.

Разплиснати сме сънно призори
в облачни представи
и капките сияят бисерни,
слънцето прославят.

Преобразени сме да вдишваме утрото епично.
И от селенията Свише Бог да ни обича.

"ЗЛАТЕН ОРЕЛ", Prodigy Life Academy, САЩ, за постижения в глобалното ПРОБУЖДАНЕ;
В „PRODIGY MAGAZINE", октомври 2023, САЩ, тема „Събуждане";
Антология "World Common Literature", SOURAV SARKAR, декември 18, 2021, CoochBehar, Индия;
НАГРАДА, POETRY PLANET, предизвикателство за поезия, конкурс 122, тема: „Щастието е..."
¤¤¤¤¤¤¤¤¤¤¤¤¤¤¤¤¤¤¤¤¤¤¤¤¤¤¤

CALL FOR PEACE

When the whole earth is a target –
they can scatter you to pieces of sand,
but thou hast assumed human form
and you also have the right to be present.

During these sad times of turmoil,
in which the force swells the biceps,
you are crushed by the mercy of some madman,
who has erected pantheons of murderers.

His uniform is brown again
above the dove, cut by bayonets.
Your spontaneous anger is huge –
you are a bud of future humanity.

Farewell To War, OUR POETRY ARCHIVE Annual Anthology Of Poetry, 2024;
RED FEATHER, Poetic Association POEMarium, 9,000 poets from different countries, competition No. 152 for a poem, theme: "PEACE".

ПОВИК ЗА МИР

Когато цялата земя е цел –
на песъчинки могат да те пръснат,
но ти човешки образ си приел
и също имаш право на присъствие.

През тия тъжни времена на смут,
в които силата издува бицепс,
те смазва милостта на някой луд,
издигнал пантеони на убийците.

Мундирът му отново е кафяв
над гълъба, от щикове разсечен.

Огромен е спонтанният ти гняв –
ти пъпка си на бъдещо човечество.

Farewell To War / „Сбогом на войната", OUR POETRY ARCHIVE Annual Anthology Of Poetry, 2024 / Годишна антология на ОРА, 2024;
ЧЕРВЕНО ПЕРО, Поетично обединение POEMarium, 9 000 поети от различни страни, конкурс № 152 за стихотворение, тема: „МИР".

¤¤¤¤¤¤¤¤¤¤¤¤¤¤¤¤¤¤¤¤¤¤¤¤¤¤¤

CHORALE*
"Writing poetry is a passion, ignited by thoughts, fueled by ink" - Renee Dixon

Awesome galactic emotions
turned our dreams into dust -
in the hearts of whirlwinds I survived
in the poems of stellar bards.

Supreme leaders and super-personalities
find the clear destiny path –
their own sacred power to embody -
cosmic rhythm is in everything.

In metamorphoses impenetrable
poetry immortalized them
and with the rumble of the heavy doors
we to enter the temple. And let us repent.

* Chorale (from Latin cantus choralis - lit. "choir singing") is a musical form that arose on the basis of the medieval church cantus

Certificate of honor, AMAZONÍA PRODUCTIVA FOUNDATION AND POETAS INTERGALÁCTICOS, June 2024, Ecuador;
BLUE QUILL, POEMarium, 9 000 poets from different countries, competition No 54 for a poem, from 8 to 12 lines, Theme: "Writing poetry is a passion, ignited by thoughts, fueled by ink" - Renee Dixon.

ХОРАЛ *
„Писането на поезия е страст, запалена от мисли, подхранвана от мастило.“

— Рене Диксън

Страхотни галактически емоции
превърнаха мечтите ни на прах –

в сърцата на вихрушки оцелях,
в поемите на звездни водоскоци.

Възвишени водачи и свръхличности
намират ясния съдбовен път –
свещената си власт да въплътят -
космическият ритъм е във всичко.

В метаморфозите непроницаеми
поезията ги обезсмърти
и с грохота на тежките врати
да влезем в храма. И да се покаем.

** Хорал (от латински cantus choralis - букв. „хорово пеене“) е музикален вид, възникнал на базата на средновековната църковна традиция.*

Сертификат на честта, "AMAZONÍA PRODUCTIVA" FOUNDATION AND POETAS INTERGALÁCTICOS, Ecuador, юни 2024 г.;
СИНЬО ПЕРО, Поетично обединение POEMarium, 9 000 поети от различни страни, конкурс № 54, стихотворение от 8 до 12 реда, тема: „Писането на поезия е страст, запалена от мисли, подхранвана от мастило.“ — Рене Диксън.

¤¤¤¤¤¤¤¤¤¤¤¤¤¤¤¤¤¤¤¤¤¤¤¤¤¤

ADVANCE NOTICE

"Nothing gold can stay"- Robert Frost

The rain splashes our days
frantic
and golden lightning are whistling
from the east.

I expected the elements
to hit us
and behind armored doors
we to howl.

With the wave God called us
to be
above our wrong senses
judgment.

In GHORSOWAR International e-Journal, May 2024,India, Editors Nihar Ranjan Das and Dr. Chandrani Choudhuri;
RED QUILL, POEMarium, 9 000 poets from different countries, quote contest No 56 for a poem, from 8 to 12 lines, Theme: "Nothing gold can stay"- Robert Frost.

ПРЕДИЗВЕСТИЕ

„Нищо златно не може да остане" - Робърт Фрост

Разплисква дните ни дъждът
неистов
и златни мълнии свистят
от изток.

Очаквах да ни връхлети
стихия
и зад блиндирани врати

да вием.

С вълната Бог ни призова
да бъдем
над грешните ни сетива
присъда.

В международно електронно списание „GHORSOWAR", май 2024, Индия, редактори Nihar Ranjan Das и д-р Chandrani Choudhuri;
ЧЕРВЕНО ПЕРО, Поетично обединение POEMarium, 9 000 поети от различни страни, конкурс № 56 за стихотворение по цитат от 8 до 12 реда, тема: „Нищо златно не може да остане" - Робърт Фрост.
¤¤¤¤¤¤¤¤¤¤¤¤¤¤¤¤¤¤¤¤¤¤¤¤

VERBAL EXALTATIONS

In the architectonics
of the verses
I transform the world -
I experience catharsis,
devotion to love.

God helps me
with the laws
of beauty
I to convert
the white clouds
with the first steps
towards the peaks.

CANVAS OF THOUGHTS, a monthly online international literary magazine, first issue, January 2024, editor DR. SONIA GUPTA, foreword by Stoianka Boianova;
GOLD QUILL, POEMarium, contest Poetic Parley No 137 for a poem from 8 to 16 lines, TOPIC: "POET as ARCHITECT".

СЛОВЕСНИ ЕКЗАЛТАЦИИ

В архитектониката
на стиховете
преобразявам света -
съпреживявам катарзис,
отдаденост към любовта.

Бог ми помага
със законите
на красотата
да претворявам
бели облаци
с първите стъпки

към върховете.

CANVAS OF THOUGHTS /„Платно от мисли", месечно онлайн международно литературно списание, първи брой, януари 2024 г., в Индия, редактор DR. SONIA GUPTA;
ЗЛАТНО ПЕРО, Поетично обединение POEMarium, конкурс № 137 за стихотворение от 8 до 16 реда, ТЕМА: „ПОЕТЪТ като АРХИТЕКТ".

¤¤¤¤¤¤¤¤¤¤¤¤¤¤¤¤¤¤¤¤¤¤¤¤¤¤

POETIC CRUCIFIXES / ПОЕТИЧЕСКИ РАЗПЯТИЯ

¤¤¤¤¤¤¤¤¤¤¤¤¤¤¤¤¤¤¤¤¤¤¤¤¤¤¤¤¤¤

BRIGHT INSIGHT

I am alone with the Word.
I am alone with the exclamation.
The miracle to recreate
like an earthquake.

Volcanic peaks
in me erupt
and the infinite calls me
in a stellar cycle.

Inspired by the love
I kneel.
And God shines brightly
in everything.

International anthology Me and My Magic Wand, Notion Press (11 March 2024), ISBN-13 : 979-8893223590, editor and compiler - Dr. Sonia Gupta, India, reviewer Minko Tanev;
WORLD POETRY TREE, Anthology for Hope, Love and Peace, Expo - Dubai 2020, Edition 2022;
GOLD QUILL, POEMarium POETIC GROUP, 9000 members, competition № 84 for a poem from 8 to 16 lines, theme: SOLILOQUY OF PEN.

СВЕТЛА ПРОМИСЪЛ

Сам със Словото съм. Сам.
И пред възгласа.
Чудото да пресъздам

земетръсно.

Вулканични върхове
в мен изригват
и безкраят ме зове
в звезден цикъл.

Вдъхновен от любовта
падам ничком.
И сияйно заблестя
Бог във всичко.

Международната антология Me and My Magic Wand / „Аз и моят магически жезъл“, Notion Press (11 March 2024), ISBN-13 : 979-8893223590, редактор и съставител - д-р Соня Гупта, Индия, рецензент Минко Танев;
WORLD POETRY TREE /СВЕТОВНО ПОЕТИЧНО ДЪРВО, антология за надежда, любов и мир, Експо 2020, Дубай , 2022;
ЗЛАТНО ПЕРО, POEMarium ПОЕТИЧНО ОБЕДИНЕНИЕ, 9 000 поети, конкурс № 85 за стихотворение от 8 до 16 реда, тема: „МОНОЛОГ НА ПЕРОТО”.

¤¤¤¤¤¤¤¤¤¤¤¤¤¤¤¤¤¤¤¤¤¤¤¤¤¤

INTUITIONS

"Poetry is the unexpected utterance of the soul"- Mark Nepo

I greet you, magical realities,
tunnel of dreams and love -
the flaming exit attracts me
in the air with divine words.

Certainly there is a mysterious reason
with the sculptor of winds and forms
to cross the bridge of my soul,
ancient verses to delight me.

Flying sublime creatures
from future seem to stare at me
and I am stretched to extremes
from previous births and deaths.

Anthology Consciousness & Art Transformation, Мексико, 2024, compiler, translator, pubilsher Dr. Amb. Marlene Pasini;
GOLD QUILL, POEMarium POETIC GROUP, 9000 members, competition № 36 for a poem from 8 to 12 lines, theme: "Poetry is the unexpected utterance of the soul."- Mark Nepo.

ИНТУИЦИИ

"Поезията е неочакван изказ на душата" — Марк Непо

Приветствам ви, реалии магически,
тунел на сънища и на любови –
припламващият изход ме привлича
във въздуха с Божественото слово.

Навярно има тайнствена причина
с ваятеля на ветрове и форми

по моста на душата да премина,
античии стихове да ме възторгват.

Летящите възвишени създания
на бъдещето сякаш в мен надзъртат
и ме изопват крайни състояния
да чуя всички рождества и смърти.

Антология Consciousness & Art Transformation / „Трансформация на съзнанието и изкуството", Мексико, 2024, съставител, преводач, издател д-р посл. Marlene Pasin;
ЗЛАТНО ПЕРО, POEMarium ПОЕТИЧНО ОБЕДИНЕНИЕ, 9 000 поети, конкурс № 36 за стихотворение от 8 до 12 реда по цитат: "Поезията е неочакван изказ на душата." — Марк Непо.

¤¤¤¤¤¤¤¤¤¤¤¤¤¤¤¤¤¤¤¤¤¤¤¤¤¤

MISSION

"Poetry is the mother-tongue of the human race" - Johan Georg Hamann

Lightning poetry
ignited an inspired consciousness
and a stellar impulse touched us
in an intimate hour.

A sacral sign. The root cause.
Heavenly meaning realized -
a tall glass passed us by
in the ancient world.

And the age of Aquarius
embraces the solar vault -
may we, the exalted ones,
survive with a holy life.

THE DAILY GLOBAL NATIONAL, An International Independent Newspaper, Bangladesh, World Literature section, 23.09.202;
Award in the name of the Tajik poet RAJAB GAFOR, 2023;
The Gold spike award from the VIII INTERNATIONAL POETRY EVENT "LIBERAL ARTS", POETAS INTERGALÁCTICOS;
GOLD QUILL, POEMarium POETIC GROUP, 9000 members, competition № 30 for a poem from 8 to 12 lines, theme by quote: "Poetry is the mother-tongue of the human race" - Johan Georg Hamann;

МИСИЯ

„Поезията е майчиният език на човешката раса" - Йохан Георг Хаман

Поезия мълниеносна

разпали вдъхновена свяст
и звезден порив ни докосна
в интимен час.

Сакрален знак. Първопричина.
Небесен смисъл осъзнат –
висока чаша ни отмина
в античен свят.

И ерата на водолея
прегръща слънчевия свод –
възвишени да оцелеем
със свят живот.

THE DAILY GLOBAL NATIONAL / ГЛОБАЛЕН НАЦИОНАЛЕН ВСЕКИДНЕВНИК, Международен независим вестник, Бангладеш, рубрика „Световна литература", 23.09.2023;
Награда на името на таджикския поет RAJAB GAFFOR, 2023;
Награда „Златен клас" от VII-мо МЕЖДУНАРОДНО ПОЕТИЧЕСКО СЪБИТИЕ „СВОБОДНИ ИЗКУСТВА", Poets Intergalactic;
ЗЛАТНО ПЕРО, POEMarium ПОЕТИЧНО ОБЕДИНЕНИЕ, 9 000 поети, конкурс № 30 за стихотворение от 8 до 12 реда по цитат: „Поезията е майчиният език на човешката раса" - Johan Georg Hamann.

¤¤¤¤¤¤¤¤¤¤¤¤¤¤¤¤¤¤¤¤¤¤¤¤¤¤¤

POETIC INSPIRATION

With poetry, I actually make sense of
where I've been before
and how I moved the whole earth
with the distant stars.

The space collapsed -
piece
by piece
in inky mouths
and the aiming cross of
wild must
crossed out the thought.

My whirlwind worldview carried
the twilight universe
stunned by the natural order
under the Moon Rider.

Certificate of Sublime Participation in the 99th Virtual Event, WEB Poetry Group, Theme: Tradition or Creativity, Brazil, 2024;
RED QUILL, Poetry Association POEMarium, 9,000 poets from different countries, competition No 122 for a poem of 8 to 16 lines, theme: POETIC INSPIRATION.

ПОЕТИЧЕСКО ВДЪХНОВЕНИЕ

С поезията всъщност проумях
къде съм бил преди
и как премествах цялата земя
с далечните звезди.

Пространството пропадна -
къс
по къс

в мастилени уста
и прицелният кръст
на дива
мъст
зачеркна мисълта.

Прехвърли моят вихрен светоглед
вселената от здрач,
стъписан от естествения ред
под лунния ездач.

Сертификат за възвишено участие в 99-то виртуално събитие, Група за WEB поезия, тема: „Традиция или творчество”, Бразилия, 2024; ЧЕРВЕНО ПЕРО, Поетично обединение POEMarium, 9 000 поети от различни страни Конкурс № 122 за стихотворение от 8 до 16 реда, тема: „ПОЕТИЧЕСКО ВДЪХНОВЕНИЕ“.

¤¤¤¤¤¤¤¤¤¤¤¤¤¤¤¤¤¤¤¤¤¤¤¤¤¤

ON THE COASTS OF THRACIA

I listen to the voice of the surf,
I inhale the salty air
and I am in harmony with everything
resurrected in the sea breeze.

I follow runic symbols
on the shores of Thrace -
they telepathically connect me
with divine elements.

Interplanetary forces,
the stellar pulse of the universe -
I rediscover God's breath
in every green stalk.

*Anthology Beautiful poems, SOURAV SARKAR, 2022 г., CoochBehar, India;
The LIBRE Global Poetry Prize and the certificate "World Poetry" from
POETAS INTERGALACTICOS / INTERGALACTIC POETS, May 2023;
হুমায়ুনস এডিটোরিয়াল [কবিতা বিভাগ, A Humayuns Editorial Post -2023,
Bangladesh;
GOLD QUILL, POEMarium POETIC GROUP, 9000 members, competition №
32 for a poem from 8 to 12 lines, by quote: "Poetry is the deification of reality"
- Edith Louisa Sitwell.*

ПО БРЕГОВЕТЕ НА ТРАКИЯ

Слушам гласа на прибоя,
вдишвам соления въздух
и съм в хармония с всичко
в морския бриз възкресено.

Следвам рунически символи
по бреговете на Тракия -
телепатично ме свързват

с обожествени стихии.

Междупланетните сили,
звездния пулс на вселената -
Божия дъх преоткривам
във всяко стръкче зелено.

Антология Beautiful poets/ „Красиви стихове”, SOURAV SARKAR, 2022 г., CoochBehar, Индия;
Глобална награда за поезия LIBRE и почетен сертификат „Световна поезия”,
LIBRE Global Poetry Prize and Honorary Certificate "World Poetry", POETAS INTERGALACTICOS / МЕЖДУГАЛАКТИЧЕСКИ ПОЕТИ, май 2023;
হুমায়ুনস এডিটোরিয়াল [কবিতা বিভাগ, A Humayuns Editorial Post -2023, Бангладеш;
ЗЛАТНО ПЕРО, POEMarium ПОЕТИЧНО ОБЕДИНЕНИЕ, 9 000 поети, конкурс № 32 за стихотворение от 8 до 12 реда, по цитат: "Поезията е обожествяване на реалността". - Едит Луиза Ситуел.

¤¤¤¤¤¤¤¤¤¤¤¤¤¤¤¤¤¤¤¤¤¤¤¤¤¤

LUNAR MEDITATIONS

My lyrical senses have rediscovered
the mystical moon
and the times of insight -
the heightened sixth sense of the ancestors.

Our anxious dreams
rain on a full moon
and diamond splashes
in anticipation of a tidal wave.

The ice towers
and cities of Atlanteans grew
above lunar craters
on the reverse and dark side.

The golden reflections,
the sparkling sea of the morning
outline the bright infinity
in the window open to dreams.

Published in the Dylan Day 2024 project, dedicated to DYLAN THOMAS, theme: Moon;
RED QUILL, POEMarium, 9 000 poets from different countries, competition No 130 for a poem, from 8 to 16 lines, Theme: LUNA & the LYRIST.

ЛУННИ МЕДИТАЦИИ

Лиричните ми сетива са преоткрили
мистичната луна
и времената на прозрения -
изостреното шесто чувство на предците.

Валят по пълнолуние
тревожните ни сънища

и пръски диамантени
в очакване на приливна вълна.

Израстват ледените кули
и градовете на атланти
над лунни кратери
върху обратната и тъмната страна.

Златистите отблясъци,
искрящото море на утрото
щрихират светлия безкрай
в прозореца разтворен на мечтите.

Публикувано в проекта Dylan Day 2024, посветен на ДИЛАН ТОМАС, тема: „Луна";
ЧЕРВЕНО ПЕРО, Поетично обединение POEMarium, 9 000 поети от различни страни, конкурс № 131 за стихотворение от 8 до 16 реда, тема: „Луна и лирик".

¤¤¤¤¤¤¤¤¤¤¤¤¤¤¤¤¤¤¤¤¤¤¤¤¤¤

WISDOM THROUGH THE AGES

The great teachers of antiquity
live in their messages.
In solitude and mysticism -
blessed cycles they to find.

With a sense of community and purpose
we understand the bliss
and the wisdom of the Word.

The power of rhythm
recreates ceremonies.
The Starry Eye
foresees incarnations.

With howling winds
the sandstorms are coming.
A prayer,
exalted with love and light
in the infinite universe.

GHORSOWAR, E magazine, 4th issue, India, 2023;
Red Quill, Poetic Association POEMarium, 9,000 poets from different countries, competition No. 111 for a poem of 8 to 16 lines, up to 10 words per line, theme: WISDOM.

МЪДРОСТ ПРЕЗ ВЕКОВЕТЕ

Великите учители на древността
живеят в своите послания.
В уединение и мистика -
благословени цикли да намерят.

С усещане за цел и общност
разбираме блаженството.

И мъдростта на Словото.

Пресътворявам церемонии
със силата на ритъма.
Провиждам въплъщения
със звездното око.

С бученето на ветрове
прииждат пясъчните бури.
Молитва,
възвисявана с любов и светлина
в безкрайната вселена.

Списание „GHORSOWAR”, 4-ти брой, Индия, 2023;
Червено перо, Поетично обединение POEMarium, 9 000 поети от различни страни, конкурс № 111 за стихотворение от 8 до 16 реда, до 10 думи на ред, тема: "МЪДРОСТ".

¤¤¤¤¤¤¤¤¤¤¤¤¤¤¤¤¤¤¤¤¤¤¤¤¤¤

SCULPTURE FROM WORDS

You ignited the imagination of the boy I was -
ancient cry pierced the essence of my youth.
A white blouse in a denim skirt smiles me
more and more alienated.
We resembled statues of bronze
and marble with blush -
before we become
fog into memory.

The words in the verse resurrect our feelings.

Dead end poetry Magazine, редактор, основател и издател Sourav Sarkar, 6 януари 2021 г., Cooch Behar, Индия;
GOLDEN QUILL, POEMarium POETIC GROUP, 9000 members, competition № 69 for a poem from 8 to 16 lines, theme: WORDS as WIZARDS.

ПЛАСТИКА ОТ ДУМИ

Разпали в мен момчешкото въображение -
античен вик прониза младата ми същност.
И бяла блузка в дънкова пола ми се усмихва
все по-отчуждено.
Приличахме на статуи от бронз
и мрамор с руж -
преди да ни преобрази
мъглата в паметта.

Думи в стиха възкресяват нашите чувства.

„Dead end poetry Magazine“, редактор, основател и издател Sourav Sarkar, 6 януари 2021 г., Cooch Behar, Индия;
ЗЛАТНО ПЕРО, POEMarium ПОЕТИЧНО ОБЕДИНЕНИЕ, 9 000 поети, конкурс № 69 за стихотворение от 8 до 16 реда, тема: „Думи чудотворци.“

¤¤¤¤¤¤¤¤¤¤¤¤¤¤¤¤¤¤¤¤¤¤¤¤¤¤¤¤¤¤

EMBODIMENTS WITH LOVE

"He that loveth not knoweth not God; for God is love." Bible, 1 John 4: 8

They obsess over you frantically
wherever you appear
with an face as an icon,
with a face like poster.

You are divinely beautiful
and with lunar lightness;
men fell in love with you
and fell into the dust.

And sublime verses
glorify your way –
uplift the beggars,
poems spin the universe.

Certificate of Sublime Participation in the 98th Virtual Event, WEB Poetry Group, Theme: Tranquility or Charm, Brazil, 2024;
RED QUILL, POEMarium, 9 000 members, contest Poetic Parley No 144 for a poem from 8 to 16 lines, TOPIC: LOVE.

ВЪПЛЪЩЕНИЯ С ЛЮБОВ

„Който не обича, не е познал Бога, защото Бог е любов." Библия, 1 Йоан 4:8

Обсебват те неистово,
където се явиш
с лице иконописано,
с лице като афиш.

Божествено си хубава
и с лунна лекота;
мъжете в теб се влюбвали
и падали в прахта.

И стихове възвишени
прославят твоя път –
повдигат духом нищите,
вселената въртят.

Сертификат за възвишено участие в 98-то виртуално събитие, Група за WEB поезия, тема: „Спокойствие или чар", Бразилия, 2024;
ЧЕРВЕНО ПЕРО, Поетично обединение POEMarium, 9 000 членове, конкурс № 144 за стихотворение от 8 до 16 реда, ТЕМА: „ЛЮБОВ".

¤¤¤¤¤¤¤¤¤¤¤¤¤¤¤¤¤¤¤¤¤¤¤¤¤¤

CROSSROADS of LIFE

I remember the meetings short
of love and innocence -
you scorched me with your breath
in the sway twilight.

I remember your south profile
among winter sketch -
your beauty was irresistible,
a perfectly God's creation.

I remember as if - in the cold north
how your wonderful voice was changing
among hyperborean landscapes,
in another world.

Life: Untying the Knot (an anthology of poems), editor and compiler Dr. Sonia Gupta, 2023, India;
RED QUILL, POEMarium POETIC ASSOCIATION, 9,000 members, contest № 72 for a poem of 8 to 12 lines, theme: CROSSROADS OF LIFE.

КРЪСТОПЪТ НА ЖИВОТА

Помня срещите къси
на обич и свян –
обгори ме с дъха си,
от здрач разлюлян.

Помня профила южен
сред зимен ескиз –
беше скъп, беше нужен
на моя каприз.

Помня сякаш – немее
гласът ти познат

между хипербореи,
в друг свят.

Life: Untying the Knot /„Живот: Развързване на възела” (антология със стихове), редактор и съставител Dr. Sonia Gupta, 2023, Индия; ЧЕРВЕНО ПЕРО, POEMarium ПОЕТИЧНО ОБЕДИНЕНИЕ, 9 000 поети, конкурс № 72 за стихотворение от 8 до 12 реда, тема: „КРЪСТОПЪТ НА ЖИВОТА”.

¤¤¤¤¤¤¤¤¤¤¤¤¤¤¤¤¤¤¤¤¤¤¤¤¤¤

SCEPTRE AND CROWN

The mistress of hearts passes by
underage nobles accompany her –
the shop windows look at her with envy
and their footstool is blooming.

Waves of mirages hit the glass
in the radiant arrhythmias of the risk
and glances - lightning-fast and meek,
are crowning her without her even wants.

With a sprained neck the most worthy falls,
in plebeian sweat drowns the most called -
the blood is squeezing still from the breakthroughs,
an incurable wound will torture at them.

On the path of beauty it will hurt,
oh wonder of nature. Horizon over the abyss.
In the hearts of men, the love scepter
recreates her image gratuitously.

RED QUILL, POEMarium, 9 000 poets from different countries, contest Poetic Parley No 129 for a poem from 8 to 16 lines, TOPIC: SCEPTRE AND CROWN.

КОРОНА И СКИПТЪР

Владетелката на сърца минава,
невръстни пажове я съпровождат –
оглеждат я витрините със завист
и разцъфтява тяхното подножие.

Вълни от зной връхлитат по стъклото
в сияйните аритмии на риска
и погледи светкавични, и кротки

я коронясват, без дори да иска.

С изкълчен врат се свлича най-достойният,
в плебейска пот се дави най-призваният –
кръвта се сцежда още от пробойните,
неизлечима ще ги гложди раната.

Ще ги боли, о, чудо на природата,
по красотата. Хоризонт над бездната.
В сърцата мъжки, скиптърът любовен,
прославя твоят образ безвъзмездно.

ЧЕРВЕНО ПЕРО, Поетично обединение POEMarium, 9 000 поети от различни страни, конкурс № 129 за стихотворение от 8 до 16 реда, ТЕМА: „СКИПТЪР И КОРОНА".

¤¤¤¤¤¤¤¤¤¤¤¤¤¤¤¤¤¤¤¤¤¤¤¤¤¤

HIGH TIDE OF INSPIRATION

"I would define...the Poetry of words as the Rhythmical Creation of Beauty." - Edgar Allan Poe

Timelessness. And emptiness.
In the soul.
Give me back, God, the love,
crucified.

The violence pluck out!
From root -
I don't want to be a martyr
feigned.

With a wave from solar sorrow
spill me -
my poem to have recreated
the imperishable.

The Redefining Poetry, Poetry Anthology from Litterateur Redefining World, published by Real Magazine Productions with Shajil Anthru as Chief Editor, India;
RED QUILL from POEMarium, 9 000 poets from different countries, contest No. 52 for a poem based on a quote from 8 to 12 lines, TOPIC: "I would define...the Poetry of words as the Rhythmical Creation of Beauty." - Edgar Allan Poe.

ПРИЛИВ

„Бих определил... поезията на думите като ритмично създаване на красота." – Едгар Алън По

Безвремие. И празнота.
В душата.
Върни ми, Боже, любовта
разпната.

Насилието изтръгни
от корен –
не искам да съм мъченик
притворен.

С вълната слънчева печал
разлей ме -
стихът ми да е пресъздал
нетленното.

The Redefining Poetry, поетична антология от Litterateur Redefining World, публикувана от Real Magazine Productions, главен редактор Shajil Anthru, Индия;
ЧЕРВЕНО ПЕРО, Поетично обединение POEMarium, конкурс № 52 за стихотворение по цитат от 8 до 12 реда, ТЕМА: „Бих определил... поезията на думите като ритмично създаване на красота.“ – Едгар Алън По.
¤¤¤¤¤¤¤¤¤¤¤¤¤¤¤¤¤¤¤¤¤¤¤¤¤

THE ROAD TAKEN

Galleons, galleys, frigates
have been sailed beyond.
And shared past glory
with the ocean floor.

I contemplated the seasonal road of birds
and their celestial trajectory -
how they fly away according the seasons,
how they return by God's will.

White storks, cranes, cormorants,
in their great migration at the end of August,
Dalmatians pelicans, pink pelicans -
from Europe to Africa.

A gigantic rush of bird flocks
to the cherished warm countries -
will inspire us their returning in spring
to shores with oleander and laurel.

OUR CHANGING EARTH: A collection of poetry about the Earth and climate change, from poets around the world. (THE POET's international anthologies), Vol 2, by Robin Barratt, 2023;
SPECIAL DIADEM on the Occasion on Vijaydashami, the Poetic Association POEMarium,
9 000 members, competition № 89 for a poem from 8 to 16 lines, theme: THE ROAD TAKEN.

ПОЕТИЯТ ПЪТ

Галеони, галери, фрегати
отвъд са отплавали
и делят с океанското дъно
отминала слава.

Съзерцавах стремглавия път,
височайшия, птичия полет -
със сезоните да отлетят,
да се върнат по Божия воля.

Бели щъркели, жерави, корморани,
във великото си преселение в края на август,
къдроглави и розови пеликани -
от Европа към Африка.

Към заветните топли страни
ни пренасят ятата с гигантския порив -
да се върнат отново напролет
в брегове олеандрови, лаврови.

OUR CHANGING EARTH: A collection of poetry about the Earth and climate change, from poets around the world. / „НАШАТА ПРОМЕНЯЩА СЕ ЗЕМЯ: Том 2: Сборник с поезия за Земята и изменението на климата от поети от цял свят. (Международни антологии THE POET's)", Robin Barratt ,2023;
СПЕЦИАЛНА ДИАДЕМА по случай празника Vijaydashami, POEMarium ПОЕТИЧНО ОБЕДИНЕНИЕ, 9 000 поети, конкурс № 89 за стихотворение от 8 до 16 реда, тема: "ПОЕТИЯТ ПЪТ".

¤¤¤¤¤¤¤¤¤¤¤¤¤¤¤¤¤¤¤¤¤¤¤¤¤¤¤

POETIC CHALLENGES

Solar telescopes. See.
Fire sprays swell.
The sky is bluish. And scarlet.
The words - maybe ridged.

The light is crazy. It's growing.
Imaginations collapse. And dogmas.
Every year we remember
the nativity scene of Jesus Christ.

Among the solidified magma from all over -
the town is hidden in infinity.
In temples let us repent,
so that the impulse does not stop.

I survive in the cruel climate
worried by insects and heat.
And with the insight we are one
in verses irresistible.

Grand premio International Poetry Prize, Ossi di Seppia, Italy, 2023 for cycle poems;
In Anthology of the best foreign poets, Italy, 2023;
In the magazine July 2024 V-10 N-4 Issue No. 112, India, Chief Editor Nilavro Nill Shoovro;
RED QUILL, POEMarium, 9 000 poets from different countries, contest No. 114 for a poem of 8 to 16 lines, THEME: "Poetic Province".

ПОЕТИЧЕСКИ ПРЕДИЗВИКАТЕЛСТВА

Телескопи слънчасали. Виж.
Огнени пръски набъбват.
Небосводът е синкав. И риж.
Думите – обли и ръбести.

Светлината безумства. Расте.
Рухват представи. И догми.
За Исус и възкръсния ден
с богобоязън си спомняме.

Сред застинала магма отвред -
град, запокитен в безкрая.
Да избликне живец, да не спре -
в храмове да се покаем.

Отегчен от инсекти и зной,
блясвам в жестокия климат.
И с прозрението сме едно
в стихове неотразими.

Grand premio International Poetry Prize "Ossi di Seppia"/ Голяма международна награда за поезия"Ossi di Seppia", Италия, 2023, за цикъл стихове;
В „Антология на най-добрите чуждестранни поети", Италия, 2023;
В списание „July 2024 V-10 N-4 Issue No. 112", Индия, главен редактор Nilavro Nill Shoovro;
ЧЕРВЕНО ПЕРО, Поетично обединение POEMarium, 9 000 поети от различни страни, конкурс № 114 за стихотворение от 8 до 16 реда, ТЕМА: „Поетична провинция".

¤¤¤¤¤¤¤¤¤¤¤¤¤¤¤¤¤¤¤¤¤¤¤¤¤¤

OUTLINES OF GOD'S SMILE

We are children of the modern world
and reflect His spirit everywhere –
from past to future we fly
we are chasing kites of light.

Our Teacher, Friend and Savior -
to seek Him deeply within ourselves
and God-inspired worlds
with purest urges to give us wings.

We owe Him everything -
clarity and wisdom -
millennial, patient and natural.
With the smallest and most significant things
to rethink Earth's gravity.

Bliss in eternal life,
where there is no sorrow but repentance -
God is infinite gushing love.
Untouchable smile in the temple.

GOD ANTHOLOGY 2, Cooch Behar city, India, 2023, editor SOURAV SARKAR, ISBN-13 : 9798858247029;
Certificates from Literary Group खरणनर गान *- The Brook Song, over 4 thousand members, in the poetry competition on the theme "Smile of God".*

ЩРИХИ КЪМ УСМИВКАТА НА БОГ

Деца сме на съвременния свят
и отразяваме навсякъде духа му –
от минало към бъдеще прелитаме,
подгонили светлинни хвърчила.

Учител наш, приятел и Спасител –
да Го потърсим в себе си дълбоко
и Боговдъхновени светове
с най-чисти пориви да ни окрилят.

Дължим на Него всичко,
на яснотата и на мъдростта –
хилядолетна, търпелива и естествена.
С най-малките и най-значимите неща
да преосмислим земното притегляне.

Блаженството във вечния живот,
където няма скръб, а покаяние -
Бог е безкрайна бликаща любов.
Недосегаема усмивка в храма.

„АНТОЛОГИЯ ЗА БОГ 2"/ GOD ANTHOLOGY 2, Cooch Behar city, Индия, 2023, редактор SOURAV SARKAR, ISBN-13 : 9798858247029; Сертификати от Литературна група „ ঝর্ণার গান - The Brook Song", над 4 хил. членове, конкурс на тема „ Усмивката на Бог".

¤¤¤¤¤¤¤¤¤¤¤¤¤¤¤¤¤¤¤¤¤¤¤¤

PRAYER OVER PEAKS AND ABYSSES

My love. Volcanic eruption.
I was self-possessed. Without power.
Heavens. I can't shout.
The abyss rumbles beneath us.

My sorrowful beloved
flatters hate today.
Almighty God, elevate me!
I will enter in your temple with honor.

Sudden deepness. A splash of light.
A starry eye shone.

God is my witness, how I don't want
to lose love.

RED QUILL, POEMarium, 9 000 poets from different countries, competition No 128 for a poem, from 8 to 16 lines, Theme: Love or Hate.

МОЛИТВА НАД ВЪРХОВЕ И БЕЗДНИ

Обич моя. Вулканичен изблик.
Самодържец бях. Без власт.
Небеса. Не мога да извикам.
Бездната гърми под нас.

Приласкава скръбната любима
омерзението днес.
Всемогъщи Боже, възвиси ме,
в храма ти да вляза с чест.

Ненадейна глъб. Светлинен плисък.
Звезден поглед заблестя.

Бог ми е свидетел как не искам
да погубя любовта.

ЧЕРВЕНО ПЕРО, Поетично обединение POEMarium, 9 000 поети от различни страни, конкурс № 128 за стихотворение от 8 до 16 реда, тема: „ЛЮБОВ и ОМРАЗА“.

¤¤¤¤¤¤¤¤¤¤¤¤¤¤¤¤¤¤¤¤¤¤¤¤¤¤

UNIONS

We are brought up in antediluvian fear,
in front of alien encounters and aggressions -
I intuitively recognized you,
summoned in verse, not knowing where you are.

And exalted by majestic urges
we to create another world and other people -
I felt the pictorial language myself
of the future in us how it spoke.

The man. The woman. The two beginnings
of every fleeting construction.
And the angel above our foreheads
kindles our aspiration.

CANVAS OF THOUGHTS, a monthly online international literary magazine, issue seven, July 2024, India;
Poetic quill from THE WORLD OF POETRY - JULY 11 - DAY OF THE PLANET EARTH, POETAS INTERGALÁCTICOS;
RED QUILL, POEMarium, 9 000 poets from different countries, contest Poetic Parley No 126 for a poem from 8 to 16 lines, TOPIC: POETIC INSPIRATION.

СЪЮЗИ

Възпитани сме в допотопен страх
пред извънземни срещи и агресии –
по интуиция те разпознах,
в стиха господствах, без да знам къде сме.

И възвисен от порива велик
друг свят да създадем и други хора –
усетих сам картинния език
на бъдещето - как през нас говори.

Мъжът. Жената. Двете начала
на всяко мимолетно построение.
И ангелът над нашите чела
разпалва нашето стремление.

CANVAS OF THOUGHTS / „Платно от мисли", месечно онлайн международно литературно списание, брой седми, юли 2024 г., Индия; „Поетично перо", „СВЕТЪТ НА ПОЕЗИЯТА" - „11 ЮЛИ - ДЕН НА, ПЛАНЕТАТА ЗЕМЯ", POETAS INTERGALÁCTICOS;
RED QUILL, POEMarium, 9 000 poets from different countries, contest Poetic Parley No 126 for a poem from 8 to 16 lines, TOPIC: "POETIC INSPIRATION".

¤¤¤¤¤¤¤¤¤¤¤¤¤¤¤¤¤¤¤¤¤¤¤¤¤¤

LYRE AND LYRIC

An evening breeze pierced us
with a vague sense of guilt –
it compositionally repeated us
in a lyrical twilight.

The chords of a solar lift
gathered us astrally –
the primal melody from the strings
rains above us.

The four-dimensional abode
galloped somewhere far beyond.

And providences of God begin to fly,
came from another life.

Without death.

RED QUILL, Poetry Association POEMarium, 9,000 poets from different countries, competition #130 for a poem of 8 to 16 lines, theme: "Lyre and Lyric".

ЛИРА И ЛИРИКА

Вечерен полъх ни прониза
със смътно чувство за вина –
повтори двама ни ескизно
в лирическа здрачевина.

И приобщиха ни астрално
акордите на слънчев лифт -
мелодията изначална
от струните над нас вали.

Четиримерната обител
препусна надалеч отвъд.

И промисли на Бог политат,
дошли от друг живот.

Без смърт.

ЧЕРВЕНО ПЕРО, Поетично обединение POEMarium, 9 000 поети от различни страни, конкурс № 130 за стихотворение от 8 до 16 реда, тема: „Лира и лирика“.

¤¤¤¤¤¤¤¤¤¤¤¤¤¤¤¤¤¤¤¤¤¤¤¤¤¤

PASTORAL

Untouchable, unreal,
the road doors shine through -
celestial bells clarify
the top before it flies away.

Pomegranate, boxwood, fig tree are ringing -
ivy lulls every sound,
and only fateful words
are heard here.

Light of former worlds
are hovering in the twilight windows
and a star vortex is going up
again in peace to create them.

Anthology Tranquility by Prachi Gupta, India, ISBN : B0BYM4BD49; BLUE QUILL, POEMarium: QUOTE-POEM: 15, the motif: "... poets live upon the living light of nature and beauty." - G. Bailey, poem neither less than 8 lines nor more than 12 lines.

ПАСТОРАЛ

Недосегаеми, неистински
проблясват пътните врати -
небесни чанове избистрят
върха, преди да отлети.

Прозвънват нар, чимшир, смоковница -
бръшлян приспива всеки звук,
и само словеса съдбовни
слухът възпроизвежда тук.

Кръжи в прозорците угаснали
жарта на бивши светове

и звезден вихър се възнася
в мира да ги преоснове.

Антология Tranquillity/„Спокойствие", Prachi Gupta, Индия, ISBN : B0BYM4BD49;
СИНЬО ПЕРО, POEMarium, стихотворение по цитат № 15, от 8 до 12 реда, тема: "... поетите живеят с живата светлина на природата и красотата." - Г. Бейли.

¤¤¤¤¤¤¤¤¤¤¤¤¤¤¤¤¤¤¤¤¤¤¤¤¤¤¤¤

MORNING LIMITS

A splashing light calls me
over a gushing resin and herbs
and I fly above the abyss for a moment
with the glittering peaks.

From everywhere water is ringing
and whirlwind brooks are exploding,
and a breath of wild freedom
throws our hearts steeply.

Nettles, blackberries and elderberries
engulf the rural rivulet
and some frog agile is crossing
the infinity of the pool.

But my impulse will behold
on the highest octave
how the cloud embodies
the sorrow on the White Sea.

FREE VERSES, April 26, 2023, India. ISBN-13 : 979-8392675821, Publisher : Independently published, Editor: Sourav Sarkar;
RED QUILL, POEMarium, competition № 60 for a poem from 8 to 16 lines, theme: Poetic brook.

УТРИННИ ПРЕДЕЛИ

Светлинен плисък ме зове
над бликнала смола и билка
и с блесналите върхове
за миг над бездната политам.

Отвсякъде звънти вода

и вихрени акорди гръмват,
и дъх на дива свобода
сърцата ни подхвърля стръмно.

Коприва, къпинак и бъз
поглъщат селската рекичка
и някакъв жабок чевръст
безкрая на вира пресича.

Но моят порив ще съзре
на най-високата октава
как облакът превъплъщава
скръбта по Бялото море.

FREE VERSES / „СВОБОДНИ СТИХОВЕ", април 26- ти, 2023, Cooch Behar, Индия. ISBN-13 : 979-8392675821, издател : Independently published, редактор Sourav Sarkar;
ЧЕРВЕНО ПЕРО, POEMarium, конкурс № 60, тема: „Поетичен поток" от 8 до 16 реда.

¤¤¤¤¤¤¤¤¤¤¤¤¤¤¤¤¤¤¤¤¤¤¤¤¤¤

WORLD OF DREAMS

I reach the far dark side of the moon.
I hear shouts of universes, the big bang.
With a ritual of attraction
and the fulfillment of desires
I sow seeds on the lunar soil.
Cotton stems are the first plants
in my meditation -
on the surface of another world,
in an alien environment.
In my impulse for awaken and grow
I hear the celestial beats of the pulsars,
the collision of neutron stars,
plasma spheres faster than light,
as big as planets.
I see future flourished plantations
into the vastness of cosmos.

COOCH BEHAR MAGAZINE, Sourav Sarkar, September 2022, India;
Certificate, Literary Group खरणनर गान *- The Brook Song, over 4 thousand participants, in the poetry competition on the theme:Time travel;*
GOLD QUILL, POEMarium POETIC GROUP, 9000 members, competition № 92 for a poem from 8 to 16 lines, theme: MOON-LABOURS.

СВЯТ НА СЪНИЩА, СВЯТ НА МЕЧТИ

Стигам далечната тъмна страна на луната.
Чувам вика на вселени, големия взрив.
С ритуал на привличане
и на сбъдване на желания
сея семена върху лунната почва.
Стъбла на памук - първи растения
в моята медитация -
над нивото на другия свят,
в извънземна среда.

В своя импулс за пробуждане и израстване
слушам небесните удари на пулсарите,
сблъсъка на неутронни звезди,
плазмени струи по-бързи от светлината,
по-големи и от планети.
Виждам бъдещи избуели плантации
в необятния космос.

Списание „COOCH BEHAR MAGAZINE”, Sourav Sarkar, септември 2022, Индия;
Сертификат от Литературна група „ ঝর্ণার গান - The Brook Song”, над 4 хил. участници, в поетичния конкурс на тема „Пътуване във времето”;
ЗЛАТНО ПЕРО, POEMarium ПОЕТИЧНО ОБЕДИНЕНИЕ, 9 000 поети, конкурс № 92 за стихотворение от 8 до 16 реда, тема: "УСИЛНА ЛУНА".
¤¤¤¤¤¤¤¤¤¤¤¤¤¤¤¤¤¤¤¤¤¤¤¤¤¤¤

DOLPHINS

"Poetry is as precise as geometry" - Gustave Flaubert

A great and noble population of the ocean -
a spontaneous outburst of freethinking.
Millennia of countless trials
in constellations of light spatters.

The verse transforms the harsh planetary relief
with rapture and discontent -
the heavenly insights into promised seas,
the dolphins - from providence illuminated.

Their bodies draw aerial hieroglyphs,
geometrically precise, sunny nonchalant -
jubilant and inspired, boiling, iridescent.
In their whirlwind flight.

SOPHY CHEN'S TRANSLATION WORLD POETRY YEARBOOK 2022, Sophy Translation Internationals Publishing house, China in English and Chinese; RED QUILLS, POEMarium, 9 000 poets from different countries, competition No 46 for a poem based on a quote, from 8 to 12 lines, THEME: "Poetry is as precise as geometry" - Gustave Flaubert.

ДЕЛФИНИ

„Поезията е точна като геометрията“ – Гюстав Флобер

Велик и достолепен народ на океана -
стихиен изблик на свободомислие.
Хилядолетия безбройни изпитания
в съзвездия от светли пръски плисват.

Стихът преобразява с възторг и недоволство
суровите релефи на планетата -

небесните прозрения в морета обетовани,
делфините - от промисъл обзети.

Телата им рисуват въздушни йероглифи,
геометрично точни, слънчево фриволни.
Ликуващи и вдъхновени. Кипящи. И преливащи.
Във вихрения щрих на своя полет.

SOPHY CHEN'S TRANSLATION WORLD POETRY YEARBOOK 2022 / „ПРЕВОДНА СВЕТОВНА ПОЕЗИЯ SOPHY CHEN 2022 ГОДИНА", Sophy Translation International Publishing house, Китай на английски и китайски;
ЧЕРВЕНО ПЕРО, Поетично обединение POEMarium, 9 000 поети от различни страни, конкурс № 46 за стихотворение по цитат от 8 до 12 реда, ТЕМА: „Поезията е точна като геометрията" – Гюстав Флобер.

¤¤¤¤¤¤¤¤¤¤¤¤¤¤¤¤¤¤¤¤¤¤¤¤¤¤

DANCE OF LIGHT AND POETRY

"There is not a particle of life which does not bear poetry within it" - Gustave Flaubert .

Biocurrents push us out
in the poetic consciousness
and in one throbbing caress—
you and me.

And when touched, they come alive
lights in mystical ecstasy.
And in my radiant vision –
you and me.

And fireflies swirl in a daze,
created by God's voice.
And in the light dance of infinity -
you and me.

RED QUILL, POEMarium, 9 000 poets from different countries, contest No. 51 for a poem based on a quote from 8 to 12 lines, TOPIC: "There is not a particle of life which does not bear poetry within it" - Gustave Flaubert .

ТАНЦ НА СВЕТЛИНА И ПОЕЗИЯ

„Няма частица от живота, която да не носи поезия в себе си" - Гюстав Флобер.

Биотокове ни изтласкват
в поетически люшната свяст
и в една пулсираща ласка –
ти и аз.

И при допира оживяват
светлинки в мистичен екстаз.
И в лъчиста моя представа –
ти и аз.

И се вихрят светулки замаяни,
сътворени от Божия глас.
И в светлинния танц на безкрая -
ти и аз.

ЧЕРВЕНО ПЕРО, Поетично обединение POEMarium, 9 000 поети от различни страни, конкурс № 51 за стихотворение по цитат от 8 до 12 реда, ТЕМА: „Няма частица от живота, която да не носи поезия в себе си" - Гюстав Флобер.

¤¤¤¤¤¤¤¤¤¤¤¤¤¤¤¤¤¤¤¤¤¤¤¤¤¤¤

THE WORLD RECREATED IN POETRY

You fill me with presence,
heavenly light -
my resurrected soul
yearns for verses.

For overcoming passions,
for dreams beyond -
a Guardian angel
is wearing Annunciation.

The universe with unlocked
constellations is ringing.
Divine chords.
Unknown doors.

POLIS magazino, 21.07.2024, Greece;
INTERNATIONAL ANTHOLOGY VIVID COLORS OF PASSION, Editor and Compiler - Dr. Sonia Gupta, May 2024, India. Reviewer of the anthology - Minko Tanev;
Poet of the Fortnight, POEMarium, 9 000 poets from different countries, contest No 127 for a poem from 8 to 16 lines, Theme: "Why Do You Write?".

СВЕТЪТ, ПРЕСЪТВОРЕН В ПОЕЗИЯ

Изпълваш ме с присъствие,
небесна светлина –
душата ми възкръснала
за стихове копня.

За страсти превъзмогнати,
за блянове отвъд –
любовни апологии
над нас благовестят.

Вселената с отключени
съзвездия звънти.
Божествени съзвучия.
Неведоми врати.

Списание „POLIS”, 21.07.2024, Гърция;
INTERNATIONAL ANTHOLOGY VIVID COLOURS OF PASSION / МЕЖДУНАРОДНА АНТОЛОГИЯ „ЯРКИТЕ ЦВЕТОВЕ НА СТРАСТТА“, редактор и съставител - д-р Соня Гупта, май 2024, Индия. Рецензент на антологията - Минко Танев;
Поет на първата половина на месец май 2023, Поетично обединение POEMarium, 9 000 поети от различни страни, конкурс № 127 за стихотворение от 8 до 16 реда, ТЕМА: Защо пишеш?.

¤¤¤¤¤¤¤¤¤¤¤¤¤¤¤¤¤¤¤¤¤¤¤¤¤¤

THOUSANDS OF LANGUAGES WE SPEAK / НА ХИЛЯДИ ЕЗИЦИ РАЗГОВАРЯМЕ

¤¤¤¤¤¤¤¤¤¤¤¤¤¤¤¤¤¤¤¤¤¤¤¤¤¤¤

SPRING SOUNDS

I'm happy to throw my dark coat,
my long winter is over -
dyes explode unstoppable
in the windows with spring sounds.

Outside from offices and rooms -
to be irrationals this time -
until the point, when we will be dizzy
with scents of flowers and grasses .

The streams of light are splashing
stretched everywhere directions
and the morning are meeting with pure thoughts
the resurrected songs of nightingales.

SONGS OF PEACE: THE WORLD'S BIGGEST ANTHOLOGY OF CONTEMPORARY POETRY 2020, League of Poets, 2020;
In SCENTSIBILITY Anthology, GMGA Publishing and Pixel & Feather Graphic Designs & Digital Services, Philippines, 2020;
RED QUILL, POEMarium: Poetic Parley - 50 Motif : SOUNDS OF SPRING, *poem neither less than 8 lines nor more than 16 lines.*

ПРОЛЕТНИ СЪЗВУЧИЯ

Свърши безкрайно дългата ми зима
и с радост хвърлям тъмния балтон –
избухват багрите неудържимо
в прозорците, откъснали простор.

Навън от канцеларии и стаи –
да бъдем неразумни този път –

до изнемога чак да ни замаят
уханията на цветя и пръст.

Потоците виделина да плиснат -
посоките отвсякъде да блеснат
и утрото да срещне с чисти мисли
възкръсналите славееви песни.

SONGS OF PEACE: THE WORLD'S BIGGEST ANTHOLOGY OF CONTEMPORARY POETRY 2020. League of Poets, 2020 „ПЕСНИ ЗА МИРА": НАЙ-ГОЛЯМАТА СВЕТОВНА СЪВРЕМЕННА ПОЕТИЧНА АНТОЛОГИЯ, Лига на поетите, 2020;
В антология SCENTSIBILITY / „АРОМАТИ", издателство GMGA Publishing and Pixel & Feather Graphic Designs & Digital Services, Филипини, 2020;
ЧЕРВЕНО ПЕРО, POEMarium, конкурс № 50, от 8 до 16 реда, тема: „Пролетни звуци".

¤¤¤¤¤¤¤¤¤¤¤¤¤¤¤¤¤¤¤¤¤¤¤¤¤¤¤

SPRING DREAMS

I transform fields and forests
with snowdrifts in the spring rhythm -
the day welcomes cloud hydrangeas,
golden beetles fly over the bushes.

The snowman of winter melts
in pantheons of glimmering flowers.
This time has already flown by,
flocks of birds come from the south.

Green highways are awakening
with the shoots of the old willow -
the spirals of earthly fate are scrolled
with steps of forest violets.

Lilacs are blooming, the secret rites
are raining at the midnight hour of initiation
and scatter fragrant dreams.

Contours embodied with colored chalk.

CERTIFICATE for literary achievements in the month of poetry from III EVENTO LITERARIO INTERNACIONAL DE POESÍA 2024, Poetas Intergalacticos, Ecuador;
RED QUILL, POEMarium, 9 000 poets from different countries, competition # 146 for a poem, from 8 to 16 lines, Theme: Spring.

ПРОЛЕТЕН БЛЯН

Преобразявам в пролетния ритъм
полета и гори, покрити с преспи -
денят приветства облачни хортензии,
златисти бръмбари над храст политат.

И в пантеон с проблеснали цветя
се стапя снежният човек на зимата -
това е вече отлетяло минало,
от юг прииждат птичите ята.

С филизите на старата върба
зелени магистрали се пробуждат –
превъртат се със стъпки теменужни
спиралите на земната съдба.

Разцъфва люляк, тайните обреди
валят в среднощен час на посвещение
и пръскат аромат сновидения.

Контури, въплътени с цветна креда.

Сертификат за литературни постижения в месеца на поезията от III EVENTO LITERARIO INTERNACIONAL DE POESÍA 2024, Poetas Intergalacticos, Еквадор;
ЧЕРВЕНО ПЕРО, Поетично обединение POEMarium, 9 000 поети от различни страни, конкурс № 146 за стихотворение от 8 до 16 реда, тема: „Пролет".

¤¤¤¤¤¤¤¤¤¤¤¤¤¤¤¤¤¤¤¤¤¤¤¤¤¤

THE PULSE OF KNOWLEDGE

Where is your voice coming from - what are these –
what are these chivalrous purposes to you today for?

And I'm struck by the ringing of plucked strings,
and the division cuts a gap between us.

You are the top and the root - we are salts -
and the soil wall you managed to break through.

Every ruler wanted to blackmail you,
to burn you to ashes with an emerald tongue.

A penetrating light shines spectacularly
and the high tone of honor does not interrupt.

Evil interests lurk behind metal foreheads
and poisonous mists blindly seek where you are.

DECEMBER ANTHOLOGY , Independently published (October 30, 2023)– ISBN-13 : 979-8865934585, by Sourav Sarkar;
Certificates, Literary Group खरणनर गान - The Brook Song, over 4 thousand participants - poetry contest on the theme: The Light of Knowledge.

ПУЛСЪТ НА ПОЗНАНИЕТО

Откъде ли шурти твоят глас - накъде ли -
за какво ти са днес тия рицарски цели?

И ме блъсва звънтеж на изтръгнати струни,
а разколът разсича межда помежду ни.

Ти си връхче и коренче - соли сме ние -
и стената от пръст съумя да пробиеш.

Всеки властник мечтаеше да те изнуди,
да те стрие на пепел с език изумруден.

Светлина проницателна блясва ефектно
и високият тон на честта не пресеква.

Зад метални чела плъзват зли интереси
и отровни мъгли сляпо търсят къде си.

DECEMBER ANTHOLOGY/ „АНТОЛОГИЯ ДЕКЕМВРИ", Independently published – октомври 30, 2023, ISBN-13 : 979-8865934585, редактор Sourav Sarkar;
Сертификат, Литературна група „ ঝর্ণার গান - The Brook Song" / „Песента на ручея", над 4 хил. участници - поетичен конкурс на тема: „Светлината на знанието".

¤¤¤¤¤¤¤¤¤¤¤¤¤¤¤¤¤¤¤¤¤¤¤¤¤¤¤¤¤¤

THE LIFE OF THE LEAVES

In thousands of languages we speak
with the rainforests –
the green oases on the planet
with their countless leaves and inflorescences.

Through the mountains majestic trees
step in clouds.
Oak and beech stems skyward
in shades of blue and green.

Millennial paintings on the rocks
leaf out the ghostly caves.
The splashes of waterfalls tremble -
blooming orchids swallow the pearly drops.

A pulsating universe!
With the mosaics of colorful worlds
are swirling eternal cycles
in the light.

RED FEATHER, Poetic Association POEMarium, 9,000 poets from different countries, competition No. 154 for a poem, theme: LIFE on a LEAF.

ЖИВОТЪТ НА ЛИСТАТА

На хиляди езици разговаряме
с дъждовните гори –
зелените оазиси върху планетата
с безбройните им листи и съцветия.

През планините величави дървеса
пристъпват в облаци.
Стъбла на дъб и бук небесно се въздигат

в нюансите на синьо и зелено.

Разлистват призрачните пещери
хиядолетните рисунки по скалите.
Потръпват пръските на водопади -
цъфтящи орхидеи гълтат бисерните капки.

Пулсираща вселена!
С мозайките на пъстри светове
завихря вечни кръговрати
в светлината.

ЧЕРВЕНО ПЕРО, Поетично обединение POEMarium, 9 000 поети от различни страни, конкурс № 154 за стихотворение от 8 до 16 реда, тема: „ЖИВОТ на ЛИСТ“.

¤¤¤¤¤¤¤¤¤¤¤¤¤¤¤¤¤¤¤¤¤¤¤¤¤¤

POETIC FREEDOM

The Thracians verses are in our memory
and genotype - with exalted heroic names
and mythologies. The Orpheus songs
about the Argonauts with amazing exploits
freely connect us with Divine powers.

The creative urge calls to us
with a runic script on the rock consecrated grounds.
Legends of Orpheus and Eurydice, the immortal love
to the nymph, are recreated in the golden legacy,
in the megalithic architecture and sanctuaries.

People and animals listen in rapture the songs
of their deified king, high priest and bard.
The music continues from the heavenly settlements.

Thracian artefacts of our ancestors
for millennia are unsurpassed in their workmanship -
followers of the ancient Atlanteans.

INTERNATIONAL POETS ANTHOLOGY BOOK, Publisher : Independently published (August 18, 2022), editor SOURAV SARKAR;
Blue Quill, Poetic Association POEMarium, 9,000 poets from different countries, competition No. 110 for a poem of 8 to 16 lines, up to 10 words per line, theme: POETIC FREEDOM.

ПОЕТИЧЕСКА СВОБОДА

Тракийски стихове избликват в паметта и в генотипа ни -
във възвисени героични имена и митологии.
В орфеевите песни аргонавтите с невероятните си подвизи
свободно свързват ни с божествените сили.
Руническо писмо по скалните оброчища
ни призовава с творческите пориви.

Легенди за Орфей и Евридика,
безсмъртната любов към нимфата,
пресътворява златното и сребърно наследство
през мегалитната архитектура и светилища.

Животни с хора слушат в унес песните
на своя цар, първосвещеник, бард обожествен.
И продължават името.
И музиката от небесните селения.

Хилядолетия са ненадминати по своята направа
и артефактите на нашите предци.
Потомците на древните атланти.

INTERNATIONAL POETS / „МЕЖДУНАРОДНИ ПОЕТИ”, издател: Independently published (August 18, 2022), SOURAV SARKAR; Синьо перо, Поетично обединение POEMarium, 9 000 поети от различни страни, конкурс № 110 за стихотворение от 8 до 16 реда, до 10 думи на ред, тема: "ПОЕТИЧЕСКА СВОБОДА".

¤¤¤¤¤¤¤¤¤¤¤¤¤¤¤¤¤¤¤¤¤¤¤¤¤

PATH OF LIGHT

Icon, lamp and bed
in the ruins of memory.
And the mother's blessing
dawned through a mysterious door.

Where have I seen this chamber
and fateful mise-en-scène –
amid chants from the temple,
deeply exalted in me.

And I listen - to resound over
the feelings without analog.
And light before us. And a path
suddenly illuminated by God.

International anthology THE WHOLE WORLD IN A SINGLE WORD, editor and compiler - Dr. Sonia Gupta, India, 2023. Reviewer Minko Tanev;
POLIS magazino, 21.07.2024, Greece;
Certificate of Honor, FUNDACIÓN AMAZONÍA PRODUCTIVA Y POETAS INTERGALÁCTICOS – INVITAN AL V EVENTO LITERARIO INTERNACIONAL 2024 POEMA A LA MADRE, / PRODUCTIVE AMAZONIA FOUNDATION AND INTERGALACTIC POETS – INVITED TO THE V INTERNATIONAL LITERARY EVENT, 2024, POEM TO THE MOTHER.

ПЪТ ОТ СВЕТЛИНА

Икона, лампа и легло
в руините на паметта.
И майчиният благослов,

изгрял през тайнствена врата.

Къде съм виждал този камерен
и съдбоносен мизансцен –
сред песнопения от храма,
дълбоко възвисени в мен.

И вслушвам се – да откънтят
над чувствата без аналог.
И светлина пред нас. И път,
внезапно озарен от Бог.

Международна антология “THE WHOLE WORLD IN A SINGLE WORD” / „ЦЕЛИЯ СВЯТ В ЕДНА ДУМА“, редактор и съставител - д-р Соня Гупта, Индия, 2023. Рецензент на антологията Минко Танев;
Списание „POLIS”, 21.07.2024, Гърция;
Сертификат на честта, FUNDACIÓN AMAZONÍA PRODUCTIVA Y POETAS INTERGALÁCTICOS – INVITAN AL V EVENTO LITERARIO INTERNACIONAL 2024 “POEMA A LA MADRE”, Еквадор – „стихотворение за майката“.

¤¤¤¤¤¤¤¤¤¤¤¤¤¤¤¤¤¤¤¤¤¤¤¤¤¤

FULFILLED DREAMS

A few magical cases I remember,
from the planet of childhood floated -
it was nonchalantly and cozy
behind the broad and strong father's back.

Our friend from exotic Armenia
with a white suit and a gold watch -
on my hand he placed it
and flew away with angel wings.

People and animals with first flights
in space, to the lunar surface and back –
the globe spun happily
in star rhythm with all humanity.

The mythical robots set in motion -
the father's former gift reincarnates
the fantastic dream of being ourselves
with peace and love in the next century.

Anthology YOU CANNOT BE REPLACED, poems about the father by 52 famous poets from different countries, editor and compiler - Dr. Sonia Gupta, 2023, India, reviewer - Minko Tanev.

ВЪПЛЪТЕНИ МЕЧТИ

Няколко вълшебни случая си спомням,
от планетата на детството изплували –
беше безметежно и уютно
зад широкия и силен бащин гръб.

Екзотичен наш приятел от Армения

с бял костюм и позлатен часовник -
върху моята ръка го закопча
и отлитна с ангелски криле.

Хора и животни с първи полети
в космоса, до лунната повърхност и обратно –
глобусът се завъртя щастливо
в звезден ритъм с цялото човечество.

Тръгнаха митичните роботи -
някогашен бащин дар превъплъщава
фантастичната мечта да бъдем себе си
с мир и обич в следващия век.

Антология YOU CANNOT BE REPLACED / „ТИ НЕ МОЖЕШ ДА БЪДЕШ ЗАМЕНЕН“, стихове за бащата от 52 известни поети от различни страни, редактор и съставител - д-р Соня Гупта, 2023, Индия, рецензент - Минко Танев.

¤¤¤¤¤¤¤¤¤¤¤¤¤¤¤¤¤¤¤¤¤¤¤¤¤¤

MOTHER'S LOVE*

I welcome the unborn brother with
all the love - not to fly away.
And we feel heavenly help
from guardians angels
in difficult times.
The mother's love
protect me
and my
son.

*RED QUILL, POEMarium, 9 000 poets from different countries, competition # 150 for a poem, Theme: "Nonet on Maternity".(*A NONET is a nine-line poem. In the NONET form, each line contains specific, descending syllable counts. The first line contains nine syllables, the second line contains eight, and the third line contains seven, and so on i.e. : 9-8-7-6-5-4-3-2-1)*

МАЙЧИНА ЛЮБОВ*

Приветствам неродения брат
с цялата любов - да не отлети.
И чувствам небесна помощ
на ангели пазители
в трудни моменти.
Майчина любов
пази мен
и моя
син.

*ЧЕРВЕНО ПЕРО, Поетично обединение POEMarium, 9 000 поети от различни страни, конкурс № 150 за стихотворение: „НОНЕТ за майчинството“. (*НОНЕТ е стихотворение от девет реда - всеки ред съдържа специфичен брой срички в низходящ ред. Първият ред е от девет срички, вторият ред - осем, третият - седем и така нататък, т.е.: 9 -8-7-6-5-4-3-2-1) Изискванията за нонет са изпълнени на английски език. На български е превод.*

¤¤¤¤¤¤¤¤¤¤¤¤¤¤¤¤¤¤¤¤¤¤¤¤¤¤¤¤¤¤¤

ILLUMINATIONS

birds in the sky -
meadow with dandelions
flies in the dream

fireworks from light
with azure fingers
explode in a moment

I look beyond –
in a moment of concentration
in front of the peaks

unseen worlds
call for adventure
to the horizon

father with young son –
a kite in flight
with sand jets

CANVAS OF THOUGHTS, monthly online international literary magazine, issue six, June 2024, India, editor DR. SONIA GUPTA, dedicated to Father's Day;
APPRECIATION AWARD, POETRY PLANET, 52 000 members, Metaphor #112" for a poem of 8 to 16 lines according to a picture of a dandelion, 2023.

ОЗАРЕНИЯ

птици в небето –
поляна с глухарчета
полита в съня

избухват за миг

светлинни фойерверки
в лазурни пръсти

вглеждам се отвъд –
миг на концентрация
пред върховете

незрими светове
зоват за приключения
към хоризонта

баща с малък син –
едно хвърчило в полет
с пясъчни струйки

CANVAS OF THOUGHTS / „Платно от мисли", месечно онлайн международно литературно списание, брой шести, юни 2024 г., Индия, редактор DR. SONIA GUPTA, посветено на празника на бащата; APPRECIATION AWARD, POETRY PLANET, 52 000 членове, „Метафора № 112" за стихотворение от 8 до 16 реда по снимка, изобразяваща глухарче, 2023 г.

¤¤¤¤¤¤¤¤¤¤¤¤¤¤¤¤¤¤¤¤¤¤¤¤

GRACEFUL MEMORY

Grandma lived in the village -
of those petite women with towels
with big rough hands,
scarred as if by a sickle.

She was an unexpected guest on Sunday
with a basket full of grapes and walnuts,
with demijohn red wine.
With many songs and fairy tales,
with all the love for people and creatures
and she was in a hurry to leave, in a hurry.

She was illuminated by light,
winged with a smile.

CANVAS OF THOUGHTS, Monthly Online International Literary Magazine, Third Issue, March 2024, India, Editor DR. SONIA GUPTA. Topic: Poems for women;
Award the 10th INTERNATIONAL POETRY EVENT LIBERAL ARTS celebrate the international day of rural women, theme: Rural Woman.

БЛАГОДАТЕН СПОМЕН

Живееше на село баба –
от онези дребни жени с кърпи,
с големи груби ръце,
нашарени сякаш от сърп.

Неочакван гост бе в неделя
с пълна кошница грозде и орехи,
с дамаджана червено вино.
С множество песни и приказки,
с цялата обич към твари и хора
и бързаше да си тръгне, бързаше.

Осветена от светлина,
окрилена с усмивка.

CANVAS OF THOUGHTS / „Платно от мисли”, месечно онлайн международно литературно списание, трети брой, март 2024 г., Индия, редактор DR. SONIA GUPTA. Тема: „Стихове за жената”;
Награди от X-то МЕЖДУНАРОДНО ПОЕТИЧЕСКО СЪБИТИЕ „СВОБОДНИ ИЗКУСТВА“ по случай международния ден на селската жена, тема „Селска жена”, 2023.

¤¤¤¤¤¤¤¤¤¤¤¤¤¤¤¤¤¤¤¤¤¤¤¤¤¤

GOD BE WITH US

I welcome all the love
to the unborn brother –
not to fly away.

And I feel the guardian angel
in difficult moments
how from heaven helps me.

I make sense of my mission to the Word
and motherly love
towards me and my son,
reincarnated in future dimensions.

Respect to all genetic doppelgangers
on the border with the limitless
and the Power called upon to recreate miracles!

In CANVAS OF THOUGHTS, a monthly online international literary magazine, issue five, May 2024, India, editor DR. SONIA GUPTA dedicated to Mother's Day - 12th May.

С НАМИ БОГ

Приветствам цялата любов
към брата нероден –
да не отлитне.

И чувствам ангелът хранител
в трудни мигове
как от небето ми помага.

Осмислям мисията си към Словото
и майчината обич

спрямо мен и моя син,
превъплътена в бъдещи съизмерения.

Поклон пред всички
генетични двойници
на границата с безграничното
и Силата,
повикана да пресъздава чудеса!

В CANVAS OF THOUGHTS /„Платно от мисли", месечно онлайн международно литературно списание, брой пети, май 2024 г., Индия, редактор DR. SONIA GUPTA, посветено на празника на майката – 12 май.

¤¤¤¤¤¤¤¤¤¤¤¤¤¤¤¤¤¤¤¤¤¤¤¤¤¤¤

CAPRICCIO FOR VAN GOGH *

Flaming colors.
A tunnel of blooming trees
and two lovers.
Fatherly and brotherly blessings.
The moment was photographed
with the brightest smile
on the rising sun.
Motley dew drops -
countless sunflowers fill seeds.
Come on, future in the sails.
Be, movement.
Hurry up.
Doubts accompany every genius
at the crossroads eternal.

**Vincent Willem van Gogh - Dutch painter (1853 - 1890), one of the greatest painters in the history of European art.*

Anthology COOCH BEHAR ANTHOLOGY VOLUME 6: March 28, 2023, India, by SOURAV SARKAR;
BLUE QUILL, POEMarium, 9 000 poets from different countries, competition Poetic Parley -123 , from 8 to 16 lines, THEME: COLOURS.

КАПРИЧИО ЗА ВАН ГОГ *

Пламтящи цветове.
Тунел от разцъфтели дървеса
и двама влюбени.
Благословии бащини и братски.

Моментът е фотографирал
най-сияйната усмивка
върху изгряващото слънце.
Пъстри росни капки -

безбройни слънчогледи
пълнят семена.

Прииждай, бъдеще в платната.
Бъди, движение.
Избързай.
Съмнения съпътстват всеки гений
по кръстопътищата вечни.

** Винсент Вилем ван Гог – нидерландски художник (1853 – 1890), един от най-великите художници в историята на европейското изкуство.*
Антология COOCH BEHAR ANTHOLOGY VOLUME 6/ „Антология COOCH BEHAR", том 6 : март 28, 2023 , Индия, съставител SOURAV SARKAR;*
СИНЬО ПЕРО, Поетично обединение POEMarium, 9 000 поети от различни страни, конкурс № 123 за стихотворение от 8 до 16 реда, ТЕМА: "ЦВЕТОВЕ".

¤¤¤¤¤¤¤¤¤¤¤¤¤¤¤¤¤¤¤¤¤¤¤¤¤¤
*

Blessed rain falls in the fields.
Countless sunflowers fill their seeds.

Prize for a rhyming couplet in English on the topic: RAIN, from the poetry association CONECT E-ZINE, 22.07.2023.
*

Благословен дъжд в нивите.
Безброй слънчогледи пълнят семена.

Награда за римувано двустишие на английски език на тема „ДЪЖД" от поетично обединение CONECT E-ZINE, 22.07.2023.
¤¤¤¤¤¤¤¤¤¤¤¤¤¤¤¤¤¤¤¤¤¤¤¤¤¤

MURALS

Whose dream we embody, guard,
consciousness boundless, without remorse?
Lightning in verse. Doomsday pause.
Above guardians. Above oppressed.

Hear how in heavenly rhythm
temples fall, sanctuaries disappear.
Wrath of God over mythical demons.
And the swampy soil rages.

A priestly wand. A sacrificial rag.
A pity pawn. A blood cloak.
Rotten breath. Infernal wheezing.

The exalted multitude bows.

Published in The Fatehpur Resolution, April 2024, India, editor Shailesh Veer.

СТЕНОПИСИ

Чий блян въплъщаваме, пазим,
свяст безпределна, без угризения?
Мълнии в стихове. Гибелна пауза.
Над блюстители. Над угнетени.

Чуй как в ритъм небесен
храмове падат, чезнат оброчища.
Божият гняв над митически бесове.
И бушува блатистата почва.

Жречески жезъл. Жертвена дрипа.
Пешчица жалка. Кървава мантия.
Гнил дъх. Пъклени хрипове.

Извисена тълпата се кланя.

Публикувано в "The Fatehpur Resolution", април 2024, Индия, редактор Shailesh Veer.

¤¤¤¤¤¤¤¤¤¤¤¤¤¤¤¤¤¤¤¤¤¤¤¤¤¤¤

PAST LIFE RUINS

I sought the deepest match,
an unwelcoming, dizzying depth –
the bottoms were silvery,
fully enlightened
and as if my navel had been thrown there.

I had no shores.
The elements beat me down
ruined my idea of home -
the icy sprays foretold me
my last awful debacle.

I sank down with the hills irretrievably,
the wreck depopulated me.
Fireflies splash.
The Solar Brotherhood
ignites the fairy stars.

Life: A Journey to Adore (an anthology of poems), editor and compiler Dr. Sonia Gupta, 2023, India;
RED QUILL, POEMarium, 9 000 members, competition # 140 for a poem, from 8 to 16 lines, Theme: Sorrows.

РУИНИ ОТ ОТМИНАЛИ ЖИВОТИ

Потърсих най-дълбоко съответствие,
неприветлива, меланхолна глъб –
сребрееха дъна,
докрай просветнали
и сякаш там бе хвърлен моят пъп.

Безбрежен бях.
Стихиите ме блъскаха,
съсипваха представата за дом –
вещаеха ми ледените пръски
ужасния последен мой разгром.

Потъвах с хълмовете безвъзвратно,
крушението ме обезлюди.
Светулки плисват.
Слънчевото братство
разпалва феeричните звезди.

Life: A Journey to Adore /„Животът: Пътуване към обожанието" (an anthology of poems), редактор и съставител Dr. Sonia Gupta, 2023, Индия; ЧЕРВЕНО ПЕРО, Поетично обединение POEMarium, 9 000 членове, конкурс № 140 за стихотворение от 8 до 16 реда, тема: „Скърби / Тъги".

¤¤¤¤¤¤¤¤¤¤¤¤¤¤¤¤¤¤¤¤¤¤

CLOUDS

Lightning cuts the sky,
rain streams gushing
and moist unstable air
the sudden downpour brings.

The cloudy cheers die down
with the roar and thunder of the surf -
after the dry season in the rainy
life is transforming.

A pillar of light glows
silvery or gold-bearing -
rays passed through droplets
are halo refracted.

The rays of the sun are shining
sometimes with a silky sheen –
water has a memory, comes to life
with images of God.

GOLD QUILL from the Poemarium Poetry Association, 8 900 poets from different countries, competition № 102 for a poem from 8 to 16 lines, theme: CLOUDS.

ОБЛАЦИ

Разрязват мълнии небето,
дъждовните потоци бликват
и влажен нестабилен въздух
внезапните порои носи.

Заглъхват облачните възгласи
с гърма и тътена в прибоя -

след сухия сезон в дъждовния
животът се преобразява.

И стълб от светлина сияе
сребристо или златоносно -
лъчи, преминали през капчици,
пречупвайки се ореолно.

Политат слънчевите пръски
понякога с копринен блясък –
водата има памет, трепвайки
с изображения на Бог.

ЗЛАТНО ПЕРО, Поетично обединение POEMarium, 8 900 поети от различни страни, конкурс № 108 за стихотворение от 8 до 16 реда, тема: "ОБЛАЦИ".

¤¤

SPECTRUM

Variegated peaks – the contours melt into snow clouds.
Azure fingers - light dandelions in a single whole.
Pearly splashes – in the mirrored drops pieces of sky.
Blue rain, green rain -
cathedrals of the spirit in sacrifice.

Colors explode - glimmer hang gliders over the mountain.
Sacraments of spring -
almonds and peaches in colorful kisses.
Cherry branches bloom above clouds - a lift to infinity.
Silver spider –
a sunlight ray flickers along a silken thread.

A bridge of light -
visions come true between two worlds.
The Most High fills us with aromas of coriander.
Sundial - Great Barrier Reef moves hands.

Dragonflies in solar spectrums fly over the abyss.

RED QUILLS, POEMarium, 9 000 members, competition # 141 for a poem, from 8 to 16 lines, Theme: SPECTRUM.

СПЕКТЪР

Пъстри върхове - контурите се стапят в снежни облаци.
Лазурни пръсти - светлинни глухарчета в единно цяло.
Бисерни пръски – в огледалните капки парченца небе.
Син дъжд, зелен дъжд –
катедрали на духа в приношение.

Багри избухват - блестят делтапланери над планината.
Пролетни тайнства –

бадеми и праскови в пъстра целувка.
Вишневи клонки разцъфтяват над облак - лифт към безкрая.
Сребърен паяк -
по копринена нишка трепти слънчев лъч.

Мост от светлина –
сбъднати видения между два свята.
Дъх на колендро - поглед на Всевишния ни преизпълва.
Слънчев часовник - голям бариерен риф премества стрелки.

Водни кончета в спектъра на слънцето политат над бездна.

ЧЕРВЕНО ПЕРО, Поетично обединение POEMarium, 9 000 членове, конкурс № 141 за стихотворение от 8 до 16 реда, тема: „SPECTRUM / СПЕКТЪР".

¤¤¤¤¤¤¤¤¤¤¤¤¤¤¤¤¤¤¤¤¤¤¤¤¤¤

SEASONS OF THE SOUL

Our motion around the sun
hails the ancient notion of the seasons -
in the east many nations
celebrate the new year with the spring equinox.

In countries along the Silk Road
heroes roam in mythical legends -
they foresee their lives by months
and with the carnival they pass into the golden age.

With the coming of summer the constellations
to the west are shifting day by day -
countless galaxies erupt in the butterfly's moment
and suddenly the colors of autumn cover our path.

In palm leaf libraries the Akashic records
a divine plan for everyone is being rediscovered.
We have been here many times and will be again,
on a spiritual journey to know ourselves.

RED QUILL, POEMarium, 9 000 member, competition # 145 for a poem, from 8 to 16 lines, Theme: Seasons.

СЕЗОНИ НА ДУШАТА

Движението ни около слънцето
приветства древната представа за сезоните -
на изток множество народи
празнуват новата година с пролетното равноденствие.

В страни по пътя на коприната
митически герои легендите преобразяват -
живота си по месеци провиждат
и карнавално шестват в златната епоха.

С прииждане на лятото съзвездията
на запад се отместват ден след ден -
безброй галактики избухват в пеперуден миг
и ненадейно багрите на есента застилат пътя ни.

В библиотеки с палмови листа Акашовите хроники
Божествения план за всеки преоткриват.
Били сме много пъти тук и пак ще бъдем,
в духовно пътешествие да опознаем себе си.

ЧЕРВЕНО ПЕРО, Поетично обединение POEMarium, 9 000 членове, конкурс № 145 за стихотворение от 8 до 16 реда, тема: „Сезони".
¤¤¤¤¤¤¤¤¤¤¤¤¤¤¤¤¤¤¤¤¤¤¤¤¤¤¤¤

MONSOON – BANE OR BOON

Rains are coming over the continent
from the humid air masses.
Climate change brings
our hottest summer ever.

The eye of the cyclone is expected
to enter the next hours from the east.
Millions of people are affected -
hundreds of victims in landslides and floods.

Similar periods thousands of years ago
have opened corridors for the Great Migration,
coinciding with cyclicity and heliocentrism
in the planet's orbit.

A majestic impulse, colonizing new territories.
Monsoons – inspiring another coveted harvest.
The cosmic web makes us empathetic
with distant worlds.

RED QUILL, POEMarium, 9,000 members, contest #131 for a poem from 8 to 16 lines, subject: MONSOON - BANE OR BOON.

МУСОНИ – БЛАГОДАТ ИЛИ ПРОКЛЯТИЕ

От влажните въздушни маси
прииждат дъждове над континента.
Промените на климата донасят
най-знойното ни лято досега.

Окото на циклона се очаква да навлезе
с прииждащите часове на изток.
Милиони хора са засегнати -
- стотици жертви в свлачища и наводнения.

Подобни периоди преди хиляди години
открили коридори за Велико преселение,
съвпадайки с цикличността и хелиоцентризма
през орбитата на планетата.

Величествен импулс, колонизирал нови територии.
Мусони – вдъхновили поредната жадувана реколта.
В космическата мрежа съпричастни сме
с далечни светове.

ЧЕРВЕНО ПЕРО, Поетично обединение POEMarium, 9 000 членове, конкурс № 131 за стихотворение от 8 до 16 реда, тема: „Мусон – проклятие или благодат”.

¤¤¤¤¤¤¤¤¤¤¤¤¤¤¤¤¤¤¤¤¤¤¤¤¤¤¤

THE WAY OF FALLING LEAVES

I didn't pass under the rainbow -
I don't know if it may stop raining.

Will I ever see myself
in the clear day
or in the puddles
I will be reflected.

I burned with hopes,
I trembled with cold -
bored by the mirage,
by the rush – mad.

Romantic double of mine,
the rain has washed you away –
I followed you for an eternity,
out of breath.

And someone's voice resounds in the torrent.
And flashed in lightnings a way between us.

Cooch Behar Anthology, vol. 12, Sourav Sarkar, March 2024;
RED QUILL, POEMarium, competition No 130 for a poem, from 8 to 16 lines,
Theme: Aesthetic Autumn.

ПЪТЯТ НА ЛИСТОПАДА

Под дъга не преминах – не зная дали
е възможно изобщо да спре да вали.

Ще се видя ли някога
в ясния ден,

или в локвите пътьом
ще съм отразен.

И в надежди припламвах,
и зъзнех от студ –
отегчен от миража,
от порива – луд.

Романтичен мой двойник,
разми те дъждът –
цяла вечност те следвах,
останал без дъх.

И в пороя отново кънти нечий глас.
И проблясва в светкавици път между нас.

Cooch Behar Anthology, том 12, Sourav Sarkar, март 2024;
ЧЕРВЕНО ПЕРО, Поетично обединение POEMarium, конкурс № 139 за стихотворение от 8 до 16 реда, тема: „Естетика на есента".

¤¤¤¤¤¤¤¤¤¤¤¤¤¤¤¤¤¤¤¤¤¤¤¤¤¤¤

LAST GOODBYE TO HER MAJESTY QUEEN ELIZABETH II

At the invitation of H.R.H. Queen Prof. Eden S. Trinidad

The era of the Queen Mother ends,
with inscribed profile of Her Majesty
on postage stamps and coins.
Her 70 years of service to Great Britain
is sign with the kilometer-long rows of tributes.

Endless hours of waiting and personal reflection.
Farmers take off their hats from afar.
Ceremonial trumpets and cannon volleys
mark the ritual.
Military airplanes glorify Her star path.

The crown reaches a diamond jubilee
and bears the weight of history
with countless humanitarian missions,
with prayers that God bless us all.
The spirit empire has been like a fairy tale.

A life devoted to God and duty
elevates Her into a symbol of the monarchy.
Dignity forever records
Her name in the book of honor
with the aura of a queen.

An era of fanfare is passing
with solemn ringing of London cathedrals.
The world said the last goodbye.

POETRY CELEBRATING THE LIFE OF QUEEN ELIZABETH II, from poets around the world, Published by THE POET ISBN: 9798356159527, a unique

collection of poems from 106 poets in 38 countries around the world and 16 US states;
POETRY FOR THE QUEEN, Poets of Birland, 2022.

ПОСЛЕДНО СБОГОМ КЪМ НЕЙНО ВЕЛИЧЕСТВО КРАЛИЦА ЕЛИЗАБЕТ II

По покана на нейно величество кралица проф. Идън С. Тринидад.

Приключва ерата на майката кралица,
изписана със своя профил височайш
по пощенските марки и монети.
70 - годишната й служба за Великобритания
е знакова с километричните редици в почит.

Безкрайни часове в очакване и личностно осмисляне.
Фермерите приветстват с шапки отдалеч.
Тържествени тръби и оръдейни залпове
ознаменуват ритуала.
Бележат звездния й път на самолети полети.

Короната достига диамантен юбилей
и носи на историята тежестта
с безброй хуманитарни мисии,
с молитви Бог да носи благослов над всички ни.
Империята на духа била е сякаш приказка.

Живот на Бог отдаден и дълга
я възвисява в символ на монархията.
Достойнството завинаги записва
кралското й име в почетната книга на честта
и в аурата на кралица.

Една епоха на фанфари си отива

с тържествен звън на лондонските катедрали.
Светът си взе последно сбогом.

„ПОЕЗИЯТА, ЧЕСТВАЩА ЖИВОТА НА КРАЛИЦА ЕЛИЗАБЕТ II", поети от цял свят, издател THE POET, ISBN: 9798356159527, уникална колекция стихове, 106 поети от 38 страни и от 16 щата – САЩ; POETRY FOR THE QUEEN, Poets of Birland, 2022 /"ПОЕЗИЯ ЗА КРАЛИЦАТА, поети от Бирланд", 2022 .

¤¤¤¤¤¤¤¤¤¤¤¤¤¤¤¤¤¤¤¤¤¤¤¤¤¤¤¤

FANTASY ABOUT ROADS AND MOUNTAINS

"If you have the words, there's always a chance that you'll find the way." — Seamus Heaney

We welcomed autumn with rapture
and the snowy outline of the mountains -
a whirlwind whirled our words,
before our chance to float with the stream.

I can still hear the rain ringing
over the abyss to scatter us
and here are the heavenly gates
in the crystal shining thoughts.

Radiant initiations shine –
a downpour suddenly swept them away,
to reach somewhere beyond
the heart of one princess.

BLUE QUILL, POEMarium, 9 000 poets from different countries, competition Quote-Poem: 53 from 8 to 16 lines, Theme: "If you have the words, there's always a chance that you'll find the way." — Seamus Heaney.

ФАНТАЗИЯ ЗА ПЪТИЩА И ПЛАНИНИ

"Ако имате думите, винаги имате шанс да намерите пътя."
- Seamus Heaney

Приветствахме с възторзи есента
и снежния контур на планините -
вихрушка думите ни завъртя,
пред шанса ни с потока да политнем.

Все още чувам как дъждът звънти,

над бездната да ни разплисне
и ето ги небесните врати
в кристално грейналите мисли.

Сияйни посвещения искрят –
порой внезапно ги отнесе,
за да достигнат някъде отвъд
сърцето на една принцеса.

СИНЬО ПЕРО, Поетично обединение POEMarium, 9 000 поети от различни страни, конкурс № 53 за стихотворение по цитат от 8 до 12 реда, тема: "Ако имате думите, винаги имате шанс да намерите пътя." - Seamus Heaney.

¤¤¤¤¤¤¤¤¤¤¤¤¤¤¤¤¤¤¤¤¤¤¤¤¤

VISION FOR THE FUTURE

What an unearthly snow plain –
and the words in my verse begin to shine –
I came here after the last war
to write a new geography.

Under our steps in frantic accompaniment
triumphant chords rang out
and I was looking for new forms of life
in a cold future without people.

I matured with pre-spring nostalgia
a message from around the planet
in Bach's space music,
before I say goodbye to the ices.

BLUE QUILL from Poetic Association POEMarium, 9,000 members, competition No 143 for a poem of 8 to 16 lines, theme: WORDS.

СЪН ЗА БЪДЕЩЕТО

Каква неземна снежна равнина –
и думите в стиха ми заблестяват –
тук идвах след последната война,
за да напиша нова география.

Под стъпките в неистов съпровод
звънтяха триумфиращи акорди
и търсех нови форми на живот
в едно студено бъдеще без хора.

С предпролетна носталгия съзрях
послание от цялата планета
в космическата музика на Бах,

преди да се сбогувам с ледовете.

СИНЬО ПЕРО, Поетично обединение POEMarium, 9 000 членове, конкурс № 143 за стихотворение от 8 до 16 реда, тема: „ДУМИ“.

¤¤¤¤¤¤¤¤¤¤¤¤¤¤¤¤¤¤¤¤¤¤¤¤¤¤¤¤

DELIVERANCES

I rolled the lunar oval
over the dissolved chasm –
trees, stones and mud
were torn away by the avalanche.

Unleashed emotions
rushed at me without pretext
and I heard the deep rumble
of merging with nothingness.

I was filled with blind passion
and roots started to hang me
until my fateful hour
of icy retribution.

Grand premio International Poetry Prize Ossi di Seppia, Italy, 2023 for cycle poems;
In Anthology of the best foreign poets, Italy, 2023;
In the magazine July 2024 V-10 N-4 Issue No. 112, India, Chief Editor NilavroNill Shoovro;
GOLD QUILL, the Poemarium Poetry Association, 8 900 poets from different countries, competition № 107 for a poem from 8 to 16 lines, theme: "Emotions".

ИЗБАВЛЕНИЯ

Търкулнах лунния овал
над бездната раззината –
дървета, камъни и кал
изтръгваше лавината.

Подхвърляха ме без предлог
емоции отприщени
и чувах тътена дълбок

на сливането с нищото.

Избълваше ме сляпа страст
и корени ме бесеха
до оня мой съдбовен час
на ледено възмездие.

Grand premio International Poetry Prize, Ossi di Seppia/ Голяма международна награда за поезия "Ossi di Seppia", Италия, 2023, за цикъл стихове;
В „Антология на най-добрите чуждестранни поети", Италия, 2023;
В списание „July 2024 V-10 N-4 Issue No. 112", Индия, главен редактор NilavroNill Shoovro;
ЗЛАТНО ПЕРО, Поетично обединение POEMarium, 8 900 поети от различни страни, конкурс № 107 за стихотворение от 8 до 16 реда, тема: „ЕМОЦИИ".

¤¤¤¤¤¤¤¤¤¤¤¤¤¤¤¤¤¤¤¤¤¤¤¤¤¤¤

THORNS

White thorns
with donkey thistles
are knitting thorn wreath -
New Testament symbol
of the suffering.
Parody crown of thorns
to atone for our sin -
has cried out a haughty sneer
over the millennia.
Ellipses shaped inflorescences bloom
pink or dark red -
analog of shed blood
with the Son of God on the cross
and the Ascension.
Bless us,
Heavenly enlightenment.

Grand premio International Poetry Prize, Ossi di Seppia, Italy, 2023 (for cycle poems);
In Anthology of the best *foreign poets, Italy, 2023;*
In the magazine July 2024 V-10 N-4 Issue No. 112, India, Chief Editor NilavroNill Shoovro;
GOLD QUILL, Poemarium Poetry Association, 9 000 poets from different countries, competition № 106 for a poem from 8 to 16 lines, theme: THORNS.

ТРЪНИ

Бели тръни
с магарешки бодли
тръннен венец изплитат –
новозаветен символ
на страданието.
Пародийна корона от тръни
за изкупление на греха ни -

присмех надменен извикала
през хилядолетията.
Елипсовидни съцветия разцъфват
розови или тъмночервени –
аналог на пролятата кръв
с Божия син върху кръста
и Възнесението.
Благославяй ни,
Небесно озарение.

Grand premio International Poetry Prize "Ossi di Seppia" / Голяма международна награда за поезия "Ossi di Seppia", Италия, 2023, (за цикъл стихове);
В „Антология на най-добрите чуждестранни поети", Италия, 2023;
В списание „July 2024 V-10 N-4 Issue No. 112", Индия, главен редактор NilavroNill Shoovro;
ЗЛАТНО ПЕРО, Поетично обединение POEMarium, 9 000 поети от различни страни, конкурс № 106 за стихотворение от 8 до 16 реда, тема: „ТРЪНИ".

¤¤¤¤¤¤¤¤¤¤¤¤¤¤¤¤¤¤¤¤¤¤¤¤¤¤

CHRISTMAS MOOD

I compare ice flowers on the windows
with the bushes in the garden -
they are so beautiful that I am afraid
that a breath of wind will melt them.
There will be a particle of silver crystal
in the whirlwind thoughts
and I will hear a snow waltz.
Music beyond imagination.

CHRISTMAS ANTHOLOGY, Edited by Sourav Sarkar – November 14, 2023, India; Diploma from ILA CREATIVE TRIBUNE;
Diploma from ILA CREATIVE TRIBUNE / International Literary Association CREATIVE TRIBUNE;
Special edition, GHORSOWAR web magazine, West Bengal, India, dedicated to Christmas 2023.

КОЛЕДНИ НАСТРОЕНИЯ

Храстите в градината сравнявам
с ледени цветя върху стъклата –
толкова красиви, че боя се
да не ги стопи издишан вятър.

В помислите вихрени ще има
късче сребърен кристал
и ще чувам снежен валс.
Музика необозрима.
CHRISTMAS ANTHOLOGY / „Коледна антология": редактор Sourav Sarkar , 2023 г., Индия;
Диплома от ILA "CREATIVE TRIBUNE" / Международна литературна асоциация „ТВОРЧЕСКА ТРИБУНА";
Специално издание, GHORSOWAR web magazine, Западен Бенгал, Индия, посветено на Рождество Христово 2023 година.

¤¤¤¤¤¤¤¤¤¤¤¤¤¤¤¤¤¤¤¤¤¤¤¤¤¤

IN GLORY OF GOD'S SON

A winter man on claws is waiting
to cringe with cold, to bite his tongue –
an infinite smile flashes from everywhere,
an interstellar irony challenges him.

Enmity destroys the last warrior.
The icy mask denies arousal.
Cosmic breath in light harmony
foreshadows the features of Jesus and Judas.

God's Son was born in a cave of shepherds
to unlock love, consciousness unknown.
The Eastern wise men have divined His star,
in a prophetic word have accompanied Him.

Underground rivers. No entrance. Without a way out.
To overflow in the stream to the temple, humanity.
Love and hate we are still making sense of
and our foreheads shine in the mirror glacier.

BLUE QUILL - POEMarium, 9 000 poets from different countries, competition Poetic Parley -118 for a poem based on a quote, from 8 to 16 lines, THEME: CHRIST.

В ПРОСЛАВА НА БОЖИЯ СИН

Един зимен мъж на нокти очаква
да се сгърчи от студ, да отхапе езика си –
безкрайна усмивка блесва отвсякъде,
междузвездна ирония го предизвиква.

Враждата руши последния воин.
Заледената маска отрича възбудата.

Космически дъх в светлинна хармония
предусеща черти на Исус и на Юда.

Любов да отключи, свяст непозната -
в пещера на пастири родил се Син Божи.
Мъдреците от Изток, открили звездата Му,
в прорицателско слово Го съпровождали.

Подземни реки. Без вход. И без изход.
Да прелееш в потока към храма, човечество.
Любов и омраза още осмисляме
и челата ни светят в огледалния глетчер.

СИНЬО ПЕРО, Поетично обединение POEMarium, 9 000 поети от различни страни, конкурс № 118 за стихотворение от 8 до 16 реда, ТЕМА:„ХРИСТОС“.

¤¤¤¤¤¤¤¤¤¤¤¤¤¤¤¤¤¤¤¤¤¤¤¤¤¤¤¤¤

RADIANT HUMANITY

A globe of lights flashed
in the whirlwind untamed -
we flew as if in a snowy abyss.
To the blooming peak we are flying.

Platinum drops are ringing
on the branches with stellar frost
and thousands of suns burst
in the gigantic vertigo.

The infinity is our homeland -
the Milky Way shines in the eyes
and star-gazers in us wander -
the celestial decor is rotating.

And let day and night change,
and we transform in rays -
even in the green spring buds
the space anthem sounds.

POLIS magazino, 21.07.2024, Greece;
Awards for Outstanding work from the XI INTERNATIONAL LITERARY EVENT POETRY OF TOLERANCE, theme:Tolerance, Poetas Intergalácticos;
RED QUILL, POEMarium, 9 000 members, competition # 142 for a poem, from 8 to 16 lines, Theme: "EYES";
BEST TEACHER AWARD, POETRY ACADEMY (Nigeria), the international contemporary literary debate contest, Topic: "Humanity and Security", poem 16 - 26 lines.

ЛЪЧИСТО ЧОВЕЧЕСТВО

Кълбо от светлини проблесна
във вихъра неукротим -

летяхме сякаш в снежна бездна,
към цъфналия връх летим.

Звънти платинено капчукът
по клонките със звездна скреж
и хиляди слънца разпукват
гигантския световъртеж.

Отечество ни е безкраят -
шурти в очите Млечен път
и звездобройци в нас витаят -
небесния декор въртят.

И нека ден и нощ се сменят,
и се превръщаме в лъчи -
дори и в пъпките зелени
космическият химн звучи.

Списание „POLIS", 21.07.2024, Гърция;
Награда за „Изключителна работа" от „XI МЕЖДУНАРОДНО ЛИТЕРАТУРНО СЪБИТИЕ ПОЕЗИЯ НА ТОЛЕРАНТНОСТТА", тема „Толерантност", Poetas Intergalácticos;
ЧЕРВЕНО ПЕРО, Поетично обединение POEMarium, 9 000 членове, конкурс № 142 за стихотворение от 8 до 16 реда, тема: „ОЧИ";
„НАГРАДА ЗА НАЙ-ДОБЪР УЧИТЕЛ", АКАДЕМИЯ ЗА ПОЕЗИЯ (Нигерия), Международен литературен дебат, тема: „Хуманност и сигурност" стихотворение 16- 26 реда.

¤¤¤¤¤¤¤¤¤¤¤¤¤¤¤¤¤¤¤¤¤¤¤¤¤¤¤¤

www.ingramcontent.com/pod-product-compliance
Lightning Source LLC
LaVergne TN
LVHW041015150826
845672LV00001B/91

* 9 7 8 9 3 6 3 5 4 0 0 1 9 *